JOSEPH v. WESTPHALEN

WARUM ICH MONARCHIST GEWORDEN BIN

ZWEI
DUTZEND
ENTRÜSTUNGEN

HAFFMANS VERLAG

Umschlagzeichnung von
einem großen Meister des
Novecento.

1.–4. Tausend, Frühling 1985

Gesamtherstellung: Zobrist & Hof AG, Liestal
ISBN 3 251 00053 5

Inhalt

WARUM ICH TROTZDEM TURNSCHUHE TRAGE

Jeder kann machen, was er will – so hieß es einst in den Nachkriegsschulen. Nach dieser Freiheitsbotschaft wurde der Blick der Geschichtslehrer gleich wieder fest: nicht ganz, im Rahmen des Grundgesetzes natürlich. Seither spielt das Grundgesetz die Rolle eines Schäferhundes.

Aber anziehen kann nun wirklich jeder, was er will, mittlerweile sogar in China, da dürfte es keine Einschränkungen geben. Ich weiß nichts von Bekleidungsvorschriften, wir sind ein freier Staat. Vermutlich bekommt man auf dem Land und in den Städten unter hunderttausend Einwohnern Schwierigkeiten, wenn man gar nichts trägt, die Großstädte allerdings sind den Anblick nackter Erholungssuchender schon gewöhnt.

Jeder darf tragen, was er will, jeder darf sich seine häßlichen Gedanken machen, wie er will, über das, was da getragen wird, die Freiheit ist fast grenzenlos. Aber keine Angst jetzt, ich bin kein Querulant. Es kommt kein Geifern über die paradiesvogelbunten Punker in ihren viel zu großen Lederjacken, und nackte Großstädter stören mich nur dann, wenn sie allzu reklamebraun sind. – Später einmal werde ich mich vielleicht zu diesen Herren in dunklen Anzügen äußern, die wie debile Kraniche durch die Foyers der Kultur stolzieren, von Frauen begleitet, die in ihren unsinnig langen Röcken so vornehm aussehen wollen und dabei so fußlos und verkrüppelt wirken, daß man sie irgendwie anschieben möchte, damit sie besser vorwärtskommen.

Was mir allerdings immer mißfiel, ich muß es gestehen, das war das Tragen von Turnschuhen. Ich hatte auch gelegentlich mit dem Anblick von Leuten Schwierigkeiten, die ihre immer dicker werdenden Bäuche in immer enger werdende Jeans-Anzüge quetschten und ihre Specklendenwülste aus Mut oder ästhetischem Unwissen der Öffentlichkeit darboten – aber in seiner ganzen Häßlichkeit hatte das auch etwas Rührendes.

Das Tragen von Turnschuhen hingegen schien mir irgendwie hinterhältig. Auf so leisen Sohlen zu gehen, mochte zu Stimmbrüchigen passen, die ihre Indianerspiele gerade hinter sich haben. In der Welt der Erwachsenen erschien es mir als ein Instrument unzulässiger Verjüngung, ein unseriöses, schmuddeliges Utensil, das den aufrechten zivilisatorischen Gang zu einem vorsintflutlichen Schleichschritt zurückentwickelte. Zudem konnte man den Turnschuh nicht auf die gewohnte Art säubern; und ich liebte es, das trockene Leder meiner Schuhe mit Creme aus hübschen Dosen zu fetten, genoß den Anblick, wie die ausgedörrte Oberfläche gierig die schmalzige Nahrung aufsaugte. Diese liebevolle Pflege ließ ich mir auch von hilfreichen Menschen nicht abnehmen, auch nicht auf Reisen. Denn das war mir schon immer zu peinlich, das noble Hotelpersonal mit diesem Paar Schuhe zu traktieren, als sei Nikolaustag. Immerhin waren echte Schuhe im Rahmen der Konvention dem Personal noch zumutbar, während Turnschuhe in einem Hotelkorridor nur noch das Bild für eine Witzzeichnung abgaben. Schließlich hatte ich noch mein soziokulturelles Argument: den letzten Schustern würde mit dem unflickbaren Wegwerfprodukt Turnschuh die letzte Arbeit weggenommen werden, und für unsere Kinder wäre damit ein weiterer klassischer Handwerksberuf der natürlichen Anschauung entzogen und in den Bereich nostalgischer Kinderbücher verwiesen.

Meine Gegner hörten sich lächelnd an, was ich zum Schutz des herkömmlichen Schuhs zu sagen hatte, und streckten lässig ihre Beine. »Ihr macht euch doch zum

Popanz und zur wandelnden Reklame«, sagte ich ihnen mit einem Blick auf ihre weißen Turnschuhe, auf denen rot und blau in einem widerwärtig sportlichen Schriftzug der Firmenname des Herstellers vor sich hin warb. Gleich anderntags, nahm ich mir vor, würde ich die 25 Kilometer zu meinem Vorstadtschuster fahren, etwas Leim riechen, einen Schwatz halten und besprechen, ob sich die nunmehr dritte Besohlung meiner geliebten Slipper aus Siena noch rentiere oder das Oberleder am Ende nicht mehr mitmache.

Aber es hilft hier nichts, daß ich von alten Zeiten träume. Die Wahrheit muß doch irgendwann heraus. Ich gestehe es wie ein Übeltäter, der vor Gericht nicht sagen kann, warum er das Verbrechen beging: er zuckt ratlos die Schultern und sagt, es habe ihn überkommen, ganz plötzlich habe es ihn überkommen. Das übrige ist dann Sache der Psychologen. Sollen sich auch bei mir die Psychologen den Kopf zerbrechen. Tatsache ist: eines Tages, ohne daß ich ein Loch in der Sohle meiner Zwiegenähten aus Liverpool gehabt hätte, ohne daß der Schuster die herrlichen Brooks aus Wien für irreparabel erklärt hätte, ohne daß der Absatz von meinen Sieneser Slippern riß – eines Tages kaufte ich hastig und errötend ein Paar weiße Turnschuhe, ging nach Hause und probierte sie mit einer seltsamen Mischung aus Gier und Verachtung an. Da ich völlig unproblematische Füße habe, paßte mir meine Größe wie angegossen. Ja, ich mußte mir fast verzweifelt eingestehen, daß mir noch nie ein Paar Schuhe so wunderbar gepaßt hatte wie eben jene verhaßten Turnschuhe.

Nun begann eine schwere Zeit. Der schmerzhafte Prozeß des Umdenkens muß deutliche Spuren in meinem Gesicht hinterlassen haben. Es hieß, ich würde elend aussehen, ob mir etwas fehle? Tatsächlich war mir ja elend zumute. Ich kam mir wie ein Verräter vor. Nach meiner jahrelangen Turnschuhfeindschaft mochte ich mich nicht offen auf die

Seite meiner Gegner schlagen. Ich hatte auch nicht aufgehört, meine alten Schuhe zu lieben, im Gegenteil, ich liebte sie jetzt ganz besonders, und ich hegte und pflegte sie mehr denn je. Ich fühlte mich auch nicht etwa mit einem Mal der Turnschuhgeneration zugehörig, nein, nein, ein bißchen Charakter habe ich schon, und ich falle nicht einfach um. Aber ich kann nicht verhehlen, daß ich meine neuen Turnschuhe mit großer Begeisterung trug und daß ich mich ungeheuer wohl darin fühlte. Ich fühlte mich leicht und federnd, beweglich und wach.

Die ersten Tage zog ich sie nur zu Hause an. Ich bin offenbar ein etwas schwerfälliger Mensch und ich brauche Zeit, mich an meine eigenen neuen Angewohnheiten zu gewöhnen. Ich wagte mich nicht damit auf die Straße aus Furcht, lächerlich zu erscheinen, was natürlich die Krönung der Lächerlichkeit war, denn ich trug ja nur das, was ein Großteil der Bevölkerung trägt. Ich verhielt mich wie eine Frau, die sich ein tolles Kleid gekauft hat, das sie nur vor dem Spiegel anzieht, weil sie Angst hat, es könne zu gewagt sein. Und es war eines Nachts, als ich mich erstmals mit meinen neuen Turnschuhen aus dem Haus wagte. Das war ein schlechter Start. Denn im Dunkel leuchtete das Weiß meiner Schuhe unsinnig hell und erschreckte mich so, daß ich sie tagelang verschmähte.

Es dauerte ein halbes Jahr, bis ich mit mir im reinen war und mein neues Image ertragen konnte. Spöttische Bemerkungen von Bekannten, ich sei jetzt wohl auch auf den Trichter gekommen, bewirkten jedesmal Rückschläge und völlig unnötige Besohlungen meiner alten Schuhe, mit denen ich mein Gewissen erleichterte. – Nun aber ist alles ausgestanden. Ich nehme mir die Freiheit, Turnschuhträger immer noch verächtlich zu mustern, wenn mir danach ist. »Ihr geht mir auf den Wecker, ihr dynamischen Figuren!« sage ich ihnen glatt ins Gesicht. Und es hindert mich nicht daran, mein eigenes Turnschuhtragen gelegentlich zu genießen.

Was soll denn Konsequenz – ohne Schizophrenie kommt man nicht aus. Vermutlich wirke ich auch dynamisch mit meinen Turnschuhen, aber ich komme mir nicht so vor. Ich komme mir nur unbeschwert vor. Ich nehme zwei Stufen auf einmal. Ich laufe Straßenbahnen hinterher, wozu ich mir früher zu fein war. Also ziehe ich immer dann Turnschuhe an, wenn ich es eilig habe. Sie wären auch ideal für das Besteigen von Aussichtstürmen. Aber ich besteige keine Aussichtstürme, denn ich bin nicht schwindelfrei. Manchmal ziehe ich sie auch zum Schreiben an, ich kann dann flotter formulieren. Für Nachrufe sind sie daher ungeeignet. Manchmal hasse ich meine Turnschuhe. Wenn ich sie säubere zum Beispiel. Das ist eine widerliche Prozedur, die mit einem weißen klebrigen Brei ausgeführt wird, der überall Kleckerspuren hinterläßt. – Wirklich unausstehlich sind Turnschuhe in Museen: dort, wo solide Absätze dezent aufs Parkett klopfen müssen, paßt kein eilig quietschender Gummischritt.

■■■■■■■

WARUM ICH MANCHEN PREISTRÄGERN LIEBER AUS DEM WEG GEHE

Für kleine, exklusive Demonstrationen habe ich etwas übrig. Als die Nachricht durch die Presse ging, der alte Ernst Jünger solle den Goethe-Preis der Stadt Frankfurt erhalten, ließ mich das zunächst kalt. Zu Preisen, die ich nicht selbst bekomme, habe ich eher ein ironisches Verhältnis. Ich neige aber nicht dazu, bei jeder Preisverleihung zu stänkern. Ob verdiente oder unverdiente Preise, ob fünfhundert oder fünfzigtausend Mark, Leistung will belohnt, Steuern wollen abgesetzt sein, und Bürgermeister wollen von ihren Städten Rede machen – das leuchtet ein, kein Grund zur Erregung.

Der öffentliche Unmut allerdings, der sich alsbald an der Frage der Preiswürdigkeit des Herrn Jünger entzündete, erwärmte mich, als ich davon hörte. Und als ich erfuhr, daß man eine kleine Protestkundgebung plane, erkundigte ich mich – ich kann es nicht leugnen – bei Freunden in Frankfurt vorsorglich nach einem Quartier.

Danach zeigte ich eine Weile die Neigung zu Albträumen. Und in einem dieser Träume saß ich Ernst Jünger bei einem Interview gegenüber, ohne eine einzige Zeile von ihm gelesen zu haben.

»Herr Jünger«, sagte ich, »nach allem, was man von Ihnen hört, sind Sie doch ein erfahrener Krieger; wie geht man gegen jemanden vor, den man nicht kennt und den man dennoch nicht mag?«

»Lernen Sie den Feind kennen, den Sie bekämpfen wollen«, sagte Jünger etwas überrascht und deutete auf eine lange Reihe von ihm geschriebener Bücher. »Es ist mir bisher nicht möglich gewesen, Ihre Bücher zu lesen«, sagte ich; es sollte patzig klingen, aber es kam ganz ehrlich heraus.

Der alte Herr Jünger schien eher belustigt als indigniert. Er musterte mich und sagte, nicht unfreundlich: »Halten Sie von mir, was Sie wollen, aber behelligen Sie mich nicht!«

»Wieso«, sagte ich, »es muß Sie doch interessieren, warum man Sie nicht liest!«

Nein, er interessiere sich nicht für Vorurteile, sagte er.

Das habe nichts mit Vorurteilen zu tun, erwiderte ich mutig, sondern mit Antipathie. Es wäre vielleicht ganz angebracht, daß er sich auf seine alten Tage einmal frage, warum er solche Antipathie erwecke! »Jetzt reicht's!« rief er und wies mir die Tür, und sein Zeigefinger zitterte nicht.

»Immer rüstig!« sagte ich im Aufstehn. Und als ich sein Wohnzimmer in Wilfingen verließ, rief er mir nach: »Sie sind wohl Friedensforscher!«

Am Morgen nach diesem Traum suchte ich meine Literaturgeschichte Jahrgang 1959 hervor, auf der mein Deutschunterricht basiert hatte. In diesem vom Bayerischen Kultusministerium geförderten Werk, das nach Willen seines Verfassers »vor allem junge Menschen an die Schönheit und Tiefe der deutschen Dichtung heranführen« möchte, ist auf Seite 305 unter der Kapitelüberschrift »Dichtung einer vertieften Sachlichkeit« von Ernst Jünger die Rede. Hier war sofort die Quelle meiner Ablehnung zu finden: die Art, wie der Verfasser hingerissen von Jüngers Flucht in die Fremdenlegion schwärmt, von den berühmten vierzehn Verletzungen im Ersten Weltkrieg, vom *Pour le mérite*, von des Meisters »klarer, unbestechlicher Sicht der Welt«, von seiner »Gabe einer überraschenden Zusammenschau«, von seiner »kristallklaren, männlich-knappen und zugreifenden Sprache« – das alles hatte in meinem Gymnasiastenhirn nur Abscheu hervorrufen können. Und jetzt ging es mir nicht anders.

Aber ach, je älter man wird, desto weniger leichtsinnig wird man, und mit einem Mal nagte in mir das Gewissen, dem Greis möglicherweise unrecht zu tun. Also beschloß ich, Ernst Jünger einen Vormittag zu opfern, mir selbst eine Meinung zu bilden, und begab mich zu diesem Zweck, da ich kein einziges Buch dieses Autors besitze, in die Bibliothek.

Nun endlich weiß ich, wie Legasthenikern zumute ist. Es gelang mir nämlich trotz großer Mühe nicht, mehrere Sätze des kristallnen Dichters hintereinander zu lesen: ein unbezwinglicher Widerwillen ließ mich die Lektüre immer wieder abbrechen. Es gibt ja neben den mir völlig unbegreiflichen Verehrern Ernst Jüngers eine illustre Schar von scharfen Kritikern aus den verschiedensten Lagern, die seine Bücher ekelhaft und verkitscht finden (z. B. Benn und Adorno). Was ich dabei nicht verstehe, ist, wie man das lesen kann, was man abscheulich findet. Das macht die Kritik natürlich leicht. Ich bringe das nicht fertig und bin nun in der dummen Lage, vernünftige Gründe gegen etwas vorbringen zu müssen, das ich nicht näher kenne. Das ist eine Kunst. Ich bin allerdings der Ansicht, daß man nicht in den Krieg ziehen muß, um zu begreifen, wie schrecklich er ist.

Apropos Krieg: Jüngers Kriegstagebuch *In Stahlgewittern* (das mir in einer Auflage vorlag, die die Viertelmillionen-Grenze erreicht hatte!) peinigte mein feiges Gemüt schon wegen des orgelnden Jubel-Titels. Randnotizen in dieser Schrift gaben mir allerdings den Rest: irgendein Verrückter hatte bei jeder Verletzung des heldenhaften Helden »Bravo!« an den Rand geschrieben, ferner einige Male ein gehorsames »jawohl« und »sehr richtig!« – Aber ich will mich nicht unglaubwürdig machen und solche Randnotizen eines Neurotikers zum Kriterium für das Buch eines Goethepreisträgers machen; vielmehr gestehe ich, daß ich bei einem Satz Goethes aus den »Wahlverwandtschaften« mich selbst schon einmal zu der Randnotiz »Schwachsinn« hinreißen ließ.

Nun nahm ich *Auf den Marmorklippen* zur Hand, einen Roman, den die Jüngerfreunde als »Schlüsselroman der Widerstandsbewegung« interpretieren, und las den Satz: *»Freilich bedurfte es, die Dinge so ins Lot zu bringen, der Unbefangenheit, die Bruder Otho eigentümlich war.«* – Dieser Satz ging mir in seiner schwülstigen Gestelztheit ebenso auf die Nerven wie der gezierte Eigenname »Otho«. Als ich bei flüchtigem Blättern noch zehn weitere Sätze dieser Machart entdeckte und die nicht minder kitschigen Namen »Belovar« und »Erio«, gab ich auf. War dies der wunderbar gläserne Stil Jüngers, den seine Anhänger so rühmten!?

Hier stahl ich nur meine Zeit. Was interessierte mich eine Broschüre mit dem obskuren Titel *Sprache und Körperbau*, von der der Klappentext verhieß, Jünger stoße hier »zu den Urgebilden durch, zum harten Gestein und den noch unregulierten Quellen«. – Bitte, was soll das!? – Was interessierte mich *Der Waldgang*, in dem es wimmelt von Begriffen wie »Pflicht« und »Disziplin« und »Vorhut« und »auf dem Posten« – beherrschte denn dieser Autor nichts anderes als militärisches Vokabular?

Vorn in diesem Buch hatte irgendeiner in Geheimratsschrift den Satz hingemalt »... den Auftrag erkennen und ihn erfüllen ...« – Künftigen Geschlechtern zur Mahnung schrieb ich darunter: »Hurra rief glühend der schlanke Freiherr von Jünger und sprengte mit seinem feurigen Rappen zum Tor von Burg Wilfingen heraus.«

Zwei Bücher lagen da noch »auf Posten«: *Subtile Jagden* – auch das hielt meinem Versuch, an Jünger etwas Positives zu finden, nicht stand. Ich mag keine toten Käfer und Jagden schon gar nicht, weder auf Wild, noch auf Insekten. Und *Eumeswil* schließlich, erst 1977 erschienen, beginnt wirklich erstaunlich zivil, und ich bereitete mich schon auf die große Abbitte vor – da taucht auf Seite zwei ein Dienstherr namens »Condor« auf – und ich verließ die Bibliothek.

Nie wieder Jünger! nahm ich mir vor. Welche Wohltat, dem Alter der Pflichtlektüren entwachsen zu sein! Ich würde nicht nach Frankfurt fahren, das war mir die Sache nicht wert. Ich hatte keine Lust mehr, mich mit dem Problem Jünger weiter auseinanderzusetzen, meine Geschmacksnerven waren bedient, sollten ihn andere schmähen.

Aus beruflichen Gründen sehe ich mich manchmal gezwungen, die Feuilletons großer Zeitungen zu lesen. Da ging's natürlich noch einmal hoch her.

In einem Interview mit einer Wochenzeitschrift, die sich aus unerfindlichen Gründen immer »ein deutsches Nachrichtenmagazin« nennt, obwohl doch »Spiegel« ein hübscher Name ist, gab sich der 87jährige arrogant und soldatisch wie eh und je. Aber es war mir mittlerweile völlig gleichgültig geworden, ob Jünger ein präfaschistischer oder nazihafter Autor war oder ein Widerstandskämpfer, ob er links oder rechts stand oder ob er sich genüßlich in der Mitte aalte, ob er belehrt oder unbelehrbar war. Mochten die Neokonservativen seine Querköpfigkeit als Herrenmut preisen und die Erzkonservativen seine Sprache als Flammenwurf der Weltliteratur. Er mochte ja tausend hübsche Sätze geschrieben haben, mag sein; das wenige, das ich gekostet hatte, war mir ungenießbar erschienen. Vielleicht klang es auf französisch besser.

WARUM ICH TROTZDEM KONSUMFETISCHIST BIN

Wann es anfängt, weiß man immer nie so genau. Gegen Mitte September muß es sein, da beginnen einem die Türme aus Lebkuchenkartons in den Supermärkten den Weg zu versperren. Darüber zu klagen ist unter meinem Niveau, das überlasse ich den Diabetikern, die leiden wohl am meisten darunter. Was mich weit mehr Nerven kostet als die in den Spätsommer gezerrte Vorweihnachtszeit, die ich als Albtraum 2. Klasse empfinde, ist das Klagelied, das alsbald in besorgten Adventsbeilagen und Familienfernsehkommentaren anhebt: Alle Jahre wieder gehen da auf uns arme Christenmenschen von klerikaler und kulturkritischer und sonstiger puritanischer Seite Mahnungen hernieder, doch bitte nicht der bösen Kauflust zu verfallen, sondern Weihnachten als Fest der Liebe zu begreifen.

Mir ist zwar nicht klar, warum sich Liebe und Konsum ausschließen sollen, ich finde, die können sich ganz köstlich paaren, aber ich vereinsame immer mehr mit dieser Ansicht, und die knausrigen Liebesbotschafter haben immer mehr Erfolg mit ihrem Entziehungs-Appell. Und zwar überall, im gesamten Farbenspektrum: die neuen Grünen wollen ohnehin sparen, die alten Roten haben noch das Wort vom *Konsumterror* im Ohr, dem sie nicht anheim fallen wollen, die Schwarzen müssen dem hirtenbrieflichen Rat folgen, und die fernöstlich Erleuchteten, wie immer sie sich färben, kennen naturgemäß nichts Besseres, als entmaterialisiert vor sich hin zu sinnen und die irdischen Güter zu verschmähen.

So wächst von Jahr zu Jahr die Schar der schwarzrotgrünen Pärchen, die sich ab Oktober tief in die Augen blicken und sich versprechen: *diesmal schenken wir uns nichts*!

Bei jedem echten Ketzer bewirken all diese Entsagungstendenzen nur das trotzige Gegenteil. Und so erkläre ich hiermit feierlich, daß solch schreckliche Askese niemals mein Ziel sein wird. Ich kaufe, was das Zeug hält, was Portemonnaie und dünnes Konto hergeben, raus mit dem Zaster, und zwar zu jeder Jahreszeit! Lieber Mozart auf dem Plattenteller als 20 Mark in der Tasche! – Dem Verfassungsschutz dürfte bekannt sein, daß ich 68 in verschiedenen Lichtspielhäusern mehrmals laut »Konsumterror« rief, wenn mich die Kinowerbung marterte. Heute weiß ich, daß persönliche Finanznot mich zu so losem Geschrei hinriß. Natürlich erbosten mich auch die Visagen der markigen Raucher, der unerreichbare Sex der Raucherinnen. Aber auch das sehe ich mittlerweile anders: beim Paffen denkt heute jeder heimlich an Krebs und Luftverschmutzung, und der »Duft der großen weiten Welt« ist ja schon rührende Vergangenheit, mattes geflügeltes Wort für die nächste Ausgabe des »Büchmann«. Was stört mich also Werbung? Zumal aus einem Dutzend Fernsehspots kurz vor acht doch mehr über unsere Waschmittel-Wirklichkeit zu erfahren ist als in einem »kleinen Fernsehspiel« zu später Stunde.

Ich bin Konsumfetischist. Und ich finde das weniger abartig als diesen freudlosen Verzicht. Es ist doch völlig normal, daß ich Wünsche habe, die ich möglichst befriedigen will. Die Auswahl, die ich beim Kaufen treffe, trägt mehr zu der viel gepriesenen Identitätsfindung bei als täglich drei Seiten Tagebuch. Auch macht es Spaß, den Fallstricken der Werbung zu entgehen und Dinge *nicht* zu kaufen – Digitaluhren nebst Computer aller Art z. B. und »individuelle« Brokatumschläge fürs amtliche Fernsprechbuch: da geh ich eisig vorbei. Auch dicke Autos oder gar Immobilien lassen mich kalt; ihr Erwerb setzt obendrein jahrelanges, diszipliniertes Sparen voraus, das mir als leidenschaftlichem Kauf-Chaoten gar nicht möglich und regelrecht zuwider ist. Denn wenn ich auch die meisten Konsumgüter unnötig und unglaublich scheußlich finde, so bleiben doch genug Dinge übrig, nach deren Besitz ich mich gierig sehne und von denen ich mir mit Vergnügen das Geld aus der Tasche ziehen lasse.

Bei meiner kaufkräftigen Haltung konnte es nicht ausbleiben, daß eines Tages der Wirtschaftsminister mit der Bitte auf mich zutrat, meine Feder in den Dienst der anzukurbelnden Wirtschaft zu stellen, zum Wohle des deutschen Volkes. Folgendes mußte ich ihm schreiben:

Ich bitte darum, mich nicht mehr mit solchen Partei- und Regierungskuverts zu belästigen. Was soll denn der Postbote denken! Im übrigen kaufe ich zwar gern ein, lasse mich aber nicht verkaufen. Habe auch immer nur mein eigenes Wohl im Auge und nicht das Deiner verkommenen Wirtschaftspolitik. Sieh zu, wie Du Deinen Dreck alleine los wirst, alte Schlammpfote.

Solche Briefe wirken immer.

Jeder bessere Konsumfetischist weiß, daß es nicht nur auf den Besitz ankommt, sondern auch auf das Umtigern der Beute, das Abwägen, ob es sich lohnt oder nicht. Und wenn man sich nicht entscheiden konnte: das qualvolle Wochenende dann, die Unsicherheit, ob er am Montag noch da ist, der köstlich-spottbillige Kassettenrecorder, der längst fällige. Und wenn man dann zuschlug, die Scheckkarte zückte – diese Reinfälle oft! Nichts taugt das Ding und kostet woanders die Hälfte!

Ach, wer keine materiellen Wünsche hat, der ist abgestorben, in dem lebt nicht mehr der Trieb der Jäger und Sammler, der kennt diese hübschen kleinen Verzweiflungen nicht. Und nicht das kindliche Glück, zu Hause die Beute aus den Plastiktüten zu hieven: die tiefe Salatschüssel, aus der nun nichts mehr herausfallen wird; den Nußknacker, der endlich die Beißzange ersetzt; den Füllfederhalter mit Charakter, der hoffentlich den Verfall der Handschrift aufhält; einen Amischlitten aus Blech, *made in China* und – infiziert vom Anblick gerougeter Mannequins auf dem Glanzprospekt, ich gebe es zu – eine Lederhose für Herzdame. Und, weil alles so teuer war, noch ein paar Büchsen mit Krabben und Artischockenböden zum Trost.

WARUM ICH MONARCHIST GEWORDEN BIN

Es gibt Geständnisse, die Lähmung und Entsetzen verbreiten. Bis in die Mitte der 60er Jahre war es die Behauptung *Ich bin Kommunist,* die dem kühnen Provokateur lebenslange Spinnefeinde verschaffte. Als habe er gesagt, er sei Sodomist, wandten sich Arbeitgeber wie Arbeitnehmer gleichermaßen angeekelt ab. Heute, nach dem großen Scheitern aller Ideen, würde diese Bemerkung allenfalls in steifen Beamtenkreisen Empörung auslösen. Aufgeschlossenere Zeitgenossen lächeln nur milde über solche letzten Zeugen Iwans: Diese Krankheit steckt nicht mehr an.

Auch andere Geständnisse bleiben heute ohne großes Echo. *Ich bin Anarchist!* zum Beispiel. Ach, rührend, heißt es dann, wie interessant, sicher sind Sie Künstler! – Und wer behauptet, er sei homosexuell, dem wird sofort Nachsicht entgegengebracht: Na, halb so schlimm, kann jedem passieren …

Die Krise eint, und die Leute sind härter im Nehmen. Wir rudern doch alle, heißt es, dasselbe Boot, derselbe Strick – alles gleich. Atomkraft ja oder nein, stoppt Strauß oder laßt ihn, das alles wird erregt diskutiert, aber es sind doch gesellschaftsfähige Themen. Ich kenne nur eine politische Bemerkung, bei der Rote, Grüne und Schwarze blaß werden, über die man nicht diskutieren kann, weil einen jeder allein stehen läßt als sei man aussätzig und Idiot obendrein. Es ist die Behauptung: *Ich bin Monarchist.*

Worüber man nicht diskutieren kann, darüber muß man Monologe halten: Ich will es nicht zu kompliziert machen, mich nicht auf Hegel berufen, obwohl da einiges zu holen wäre in puncto konstitutioneller Monarchie. Lieber beziehe ich mein aktuelles Argument aus der vielbeklagten Staatsverdrossenheit, die ja nicht allein von den berühmten *jungen Leuten* gepflegt wird. Auch biedere Hochschullehrer und seriöse Leitartikler sind ihre geheimen Opfer; sie faseln zwar seitenlang über die freiheitlich demokratische Grundordnung und verdienen damit Geld, am Fuße des ersten Biers aber sind sie ehrlich genug, sich der landläufigen Meinung anzuschließen, daß wir hinters Licht geführt werden. Zwar möchte ich nicht unbedingt im Lichte eines Sonnenkönigs stehen, aber die Strahlen eines milden Königshauses trösteten mich vielleicht über die Wahlparolen der bürgerlichen Parteien hinweg.

Nach privaten Hochrechnungen wählen 80 Prozent der Berechtigten nur, weil es nichts kostet, der Rest will etwas verhindern – was für ein Zustand! Etwa 30 Millionen Bürger fluchen täglich fünfmal lauthals auf Politiker, das ergäbe gedruckt jeden Tag 500 Großstadttelefonbücher voller Schimpfworte.

Die deutsche Akademie für Sprache und Dichtung hat ihre Aufgabe noch nicht erkannt, hier katalogisierend und alphabetisierend tätig zu werden, um der Öffentlichkeit jenen längst fälligen Registerband vorzulegen, der für die Verbreitung neuer, treffender Politiker-Bezeichnungen sorgen würde. Dies wäre endlich einmal ein Gebiet für einen gelungenen Computereinsatz. Und wo bleiben die Preisausschreiben, mit denen sich die Bevölkerung bei der Suche nach neuen Worten beteiligen könnte?

Die Hartnäckigkeit, mit der ein deutscher Regierungschef von der liberalen Presse und der Öffentlichkeit *Birne* und sein amerikanischer Amtskollege *Cowboy,* allenfalls *Schmierencowboy* gescholten wurden, hat in ihrer Einfallsarmut etwas treudeutsch Peinliches. Genannt *wurden* – ich wähle spaßeshalber die Vergangenheitsform, weil die beiden angesprochenen Katastrophengestalten ihre Ämter längst los sein werden, wenn mein Aufruf noch immer Gültigkeit haben wird.

Warum kam man nicht wenigstens auf die Idee, von *Birne* auf *Bowist* zu wechseln? Dieser häßliche, ungenießbare Pilz, der sich von seiner anfangs weißlichen Babyhaftigkeit rasch in eine frühvergreiste, ausgedörrte, schmutzfarbene Hülle verwandelt, die nichts weiter vermag, als auf ein leichtes rhythmisches Anquetschen einen modrigen, bräunlichen Rauch von sich zu geben – dieser Pilz ist doch ein ideales Bild für einen debilen Politiker.

Anstatt die massenhafte Verachtung der Bevölkerung zur Kenntnis zu nehmen, recken die Politiker in Bonn, aber auch in Bern, Washington, London, Paris den Kopf aus den halboffenen Mercedesfenstern und verkünden dem hecheln- den Reporter beziehungsweise uns Fernsehdemokraten, daß es noch zu früh sei, über den Stand der Verhandlungen exakte Aussagen zu machen – dann sollte lieber doch ein Monarchenhaupt aus dem Fenster der Karosse lächeln.

Denn wir haben für unser Steuergeld ein besseres Spekta- kel verdient als das, was die Volksvertreter in der Bundes- hauptstadt inszenieren. Selbst der geduldigste Bürger ist nicht länger bereit, den Bonnern zuzusehen, wie sie mit ungelenken, schlecht angelernten Gesten ausländische Besu- cher zum Hinsetzen in ihre Spießersessel auffordern. Hört man sie reden in ihren verpanschten Dialekten, möchte man auswandern – doch wohin? Einer, so ein großer, läutete neulich ein Selbstzitat mit der Wendung ein, er erinnere an sein Wort vom soundsovielten, »das da lautet« … so spre- chen Emporkömmlinge.

Die können nichts dafür. Nur Grobiane schaffen den Weg nach oben. So ist das System. Und das eben macht den König so liebenswert, daß er nicht um seinen Posten boxen und danach gieren muß, sondern daß er ihm gleichsam unbefleckt in den Schoß fällt. Die Schuldlosigkeit verleiht ihm Glanz und Würde, und er ist großartig auch dann, wenn er Dummheiten macht und ehrlich ist.

Das kann er sich leisten, denn er hat Grazie und Charme, und eben das ist es, woran in der Demokratie ein so fürchterlicher Mangel herrscht. Auch der Stil läßt zu wünschen übrig. Wenn ein Verteidigungsminister eine Ehrenformation abschreitet, mit dem kindisch-unverhohlenen Stolz des Demokraten, der sich eines königlichen Rituals bedient, so ist das ein jammervolles Bild: Die meisten gehen wie Puter, einigen gelingt es, wie Pfauen zu stolzieren. Ein guterzogener Monarch aber entledigt sich dieser Pflicht lässig und mit königlicher Ironie. Er kann es sich leisten, nach drei Schritten anzuhalten und zu sagen: Kommt Kinder, lassen wir doch den Zirkus! So sorgt er für Anekdoten und ist volkstümlicher als jeder Abgeordnete.

Auch kann ein Monarch besser schimpfen. Das muß etwas mit der Fallhöhe zu tun haben. Die Fallhöhe ist, wenn ich mich richtig erinnere, ein Ausdruck aus der Literaturwissenschaft beziehungsweise aus der Dramentheorie: die Befürworter der klassischen Tragödie im 18. Jahrhundert sprachen den unadeligen Leuten die Fähigkeit zur Tragik ab; nur wer hoch stehe, könne schwungvoll und tragisch fallen.

Dieser krause Einfall enthält wie alles Zynische natürlich einen richtigen Gedanken. Denn es ist tatsächlich nicht egal, wer schimpft. Es kommt auf die Höhe an, von wo aus geschimpft wird. Wenn einer unserer ungeschlachten Volksvertreter in einer widerlichen Halle vor einem widerlichen Adler neben einem widerlichen Gladiolenstrauß an einem widerlichen Pult eine widerliche Rede hält und plötzlich cholerisch wird und mit wabbelnden Backen wild fuchtelnd erklärt, der politische Gegner oder die Intellektuellen oder die Schriftsteller seien irgendwelche Insekten oder

Nagetiere, dann ist das einfach geschmacklos und proletenhaft und irgendwie auch traurig. Denn der Mann ist und bleibt ein Metzger, er hat die Höhe nicht, von der aus ähnliche Worte gleich ganz anders klingen. Er kann einem leid tun.

Wie anders der König. Bescheiden, fast peinlich berührt, daß ihm die Macht zugefallen ist, betritt er die Bibliothek im Westflügel seiner Residenz, wo wie immer die Pressekonferenz stattfindet und hört sich kurz an, wie sein Regierungssprecher die Absage eines Staatsbesuchs zu begründen versucht.

Freundlich lächelnd unterbricht er die offizielle Verlautbarung, seine Stimme ist fest und klar und braucht kein Mikrophon. Und zu den in- und ausländischen Journalisten gewandt sagt er mit märchenhafter Grandezza, daß der Sprecher hier wieder einmal ängstlich die Wahrheit verwässere; er habe die Viermächte-Begegnung mit folgender Begründung abgesagt: *Ich treffe mich nicht mit Stinkmorcheln und Puffkröten.* Haben Sie das, fragt er lächelnd die stenographierenden Journalisten: *Stinkmorcheln und Puffkröten* – nicht daß da falsche Worte herausgehen.

Die eigentlichen Herrscher sind heute die Sachzwänge. In allen Bereichen: Rüstungswettlauf, Energieknappheit, Computerverwaltung. Die jeweilige Staatsform ist nur der Mantel über diesen schauerlichen Diktaturen. Die Mäntel, die in fast allen Ländern der Welt getragen werden, haben ein mieses Tuch und einen abscheulichen Schnitt. Die Regierungspolitiker in aller Welt sind in der Regel provinzielle Schamverletzer, deren öffentliches Auftreten das Maß der Groteske weit überschreitet.

Dann wirklich lieber eine passable Monarchie, die natürlich am Ende des 20. Jahrhunderts ein Anachronismus ist. Aber eben der Anachronismus umgibt diese königliche Staatsform mit einer Ironie, ohne die sie nicht erträglich wäre. Lieber ein bißchen Gold und Hofgetratsche und Degeneration und meinetwegen kitschige Hochzeitstassen und Feuerwerk bei der Geburt des Thronfolgers, lieber eine halbwegs elegante und souveräne Komödie als dieses tägliche spießbürgerliche Trauerspiel.

Zur Lebensqualität einer hochentwickelten Staatsform gehört nicht nur die Funktion, sondern auch die Ästhetik. In der Architektur hat man auch erst zu spät begriffen, daß es nicht ohne Stil und ohne Ornamente geht. Es ist den Bürgern nicht zuzumuten, von einer Regierung repräsentiert zu werden, die die Gemeinheit von Betonfassaden ausstrahlt. Die Umwelt kann nicht nur durch Chemieabfälle und Atommüll, durch Flugpisten, Autobahnen und Hochhäuser zerstört werden, sondern auch durch das unzumutbare Auftreten und Aussehen von Politikern.

Der Kardinalfehler der geschichtlichen Entwicklung bestand darin, die ästhetische Erziehung des Menschen so schamlos zu vernachlässigen. Das ganze Politisieren hat nichts gebracht, denn nie wurden die Leute darüber aufgeklärt, daß man die Herrscher allein nach ihrem Äußeren beurteilen muß. Kretins wie Hitler, Goebbels und Goering hätten nie eine Chance gehabt, wenn Menschenkenntnis und ästhetisches Empfinden der Wähler nicht in einem so katastrophalen Zustand gewesen wären; und auch das jetzige Bestiarium säße nicht in Bonn herum, sondern da, wo es hingehört: in den Gängen des Arbeitsamtes, um sich für die Stelle eines Tierpflegers im Zoo zu bewerben.

Nur das Aussehen verrät uns, was hinter diesen Stirnen vorgeht. Was die sagen und versprechen und in Aussicht stellen ist mittlerweile völlig unwesentlich. Was zählt, sind allein die Physiognomien. Nur der Schein trügt nicht.

WARUM ICH JEEPS UND IHRE FAHRER HASSE

Auf die guten alten Vorurteile ist auch kein Verlaß mehr. Hat man sich einmal entschlossen, alle Mercedesfahrer für brutale Geldmacher, die Fahrer von Porsches für angeberische Jungärzte, die der Marken Ford, Opel und Audi für Spießer, die Volvofahrer für kinderreiche Sicherheitsdenker und die Entenfahrer für zarte Studenten zu halten – schon verderben einem die lästigen Ausnahmen die schöne Pauschalierung: so mancher blitzende 450er wird von sanftmütigen und spendablen Leuten gelenkt, manchen Spießerautos entsteigen Künstler und Chaoten, und auch ein Entenfahrer kann zur Sau werden.

Rückschlüsse von Autotypen auf die psychologische Struktur ihrer Besitzer werden zunehmend schwerer. Ob 2-, ob 12-Zylinder, man hat erkannt, daß Blech genauso rostet wie der Mensch und auch wie er zu Erde wird, und daß Benzin zu fließen aufhört wie das Blut. Der berühmte Samstagnachmittag-Autopfleger ist daher am Aussterben. Nur noch Narren und Kleinststädter und die letzten hartnäckigen ADAC-Mitglieder polieren noch, was ohnehin verrottet und obendrein die Luft verstinkt. In diesen trüben Zeiten des Vergänglichkeitsbewußtseins, wo 22jährige Hochhauserben ebenso mit ihren 40-Tausend-Mark-Schlitten Steuern absetzen wie Unternehmer in der Blüte ihres entbehrungsreichen Lebens, wo unter den Fahrern von Schrottautos zwischen Snobs, armen Schluckern und Leistungsverweigerern nicht mehr zu unterscheiden ist – in diesen trüben Zeiten der »Gleichseierei«, wie ein jaguarfahrender Heideggerschüler neulich klagte, können Individualisten wieder aufatmen: es gibt nun doch ein Auto, das seinen Fahrer sofort und unverwechselbar aus der öden Masse der übrigen Blechkolonnen heraushebt und als einen optimistischen und zupackenden Menschen erweist, der sich von Krebs- und Krisengerede nicht hat anstecken lassen, der *happy* seine Zigaretten pafft und an Freiheit und Abenteuer und an Amerika glaubt, der, falls er Nichtraucher ist, zumindest sein kantiges Kinn vorschiebt und markig in die Ferne blickt. Er hat eingesehen, daß die Wochenendwagenwäsche Unsinn ist. Der neue Sinn besteht darin, einen *Geländewagen* zu besitzen und mit den angetrockneten Schlammspritzern einer lustigen Querfeldeinfahrt durch die Stadt zu kurven – ein toller Hecht.

Lassen Sie mich, meine Damen und Herren, einen Augenblick diesen Typus analysieren, ehe es zu spät ist, ehe die ersten Ausnahmen das Bild verwässern und ehe das Benzin endgültig ausgeht. Das hervorstechendste Wesensmerkmal des Geländewagenfahrers ist Souveränität. Denn es gehört viel dazu, das zu ertragen: so auszusehen, als sei man leibhaftig einem der glücksverheißenden Werbespots entsprungen – so braun, so glatt, so bärtig, so dumm – ich hätte das Rückgrat nicht.

Fast jede europäische, amerikanische und (zum Entsetzen dieser beiden) auch japanische Autofirma stellt mittlerweile einen Geländewagen her, die Nachfrage ist gewaltig, die Abiturienten in den Villenvororten der Großstädte wollen nicht lange warten, und auch Papa und Mama sind schon ganz wild nach dem Abenteuerurlaub. – Es gibt kleine, fast schnuckelige Modelle und auch riesige, verchromte, die wie Führerhäuser von Lastwagen aussehen. Ihre militärische Herkunft können sie alle nicht verleugnen, ihre Stammväter sind der US-Jeep, der Wehrmachts-»Kübel« und der englische Landrover, der immer so harmlos aussieht, mit dem aber schneidig erobert wurde.

Dennoch wäre es zu grob, die Geländewagen und Edeljeeps als Kriegsspielzeug zu bezeichnen. Zwar sieht man gelegentlich Fahrer, denen man deutlich anmerkt, daß sie sich gerade vorkommen, als brächten sie eine Depesche ins Führerhauptquartier, aber die meisten begnügen sich mit Pionier- und Großwildjägerphantasien, wie ihrem abwesend-arroganten Gesichtsausdruck zu entnehmen ist. Hinter Entdeckerdrang und Löwenjagdgelüsten steht natürlich ein handfester Kolonialismus, wie heute jeder halbwegs aufmüpfige Schüler weiß. Unklar bleibt, ob das Geschichtswissen der Edeljeepfahrer ihnen die Assoziation ermöglicht, die sich bei Passanten mit ein wenig historischem Bewußtsein beim Anblick eines Geländewagens sofort einstellt: daß in diesen Ranch- und Safariautos eine *Besatzungsmacht* herumpatrouilliert, lässig und penetrant. Deswegen, meine Damen und Herren, bin ich hier zu keiner Toleranz bereit, wünsche diesen Autotyp zum Teufel und erkläre seine Fahrer zu verdächtigen Personen, auch wenn es schöne Frauen mit schicken Khakiblusen und hübschen Wüstenstiefelchen sind – da fällt mir der Zorn schwerer. Aber ich bringe ihn auf!

Die Frauen und der Edeljeep sind ein Kapitel für sich. Nach Parties haben, hörte ich, weder Porsche noch Lancia eine Chance, das flotteste Mädchen nach Hause oder in die Disco zu fahren: sie steigt in den staubigsten Jeep, hart und sexy. Die Konstruktion der geländegängigen Besatzungsfahrzeuge bringt es mit sich, daß man sehr hoch sitzt, was dem Selbstwertgefühl der braungesichtigen Insassen entgegenkommen dürfte. Je edler der Jeep, desto höher die Sitzplätze. Wie die Junker früher zu Roß durchs gemeine Fußvolk sprengten, so kurven die Geländewagen erhöht mit ihren riesigen Sahara- und Sierra-Nevada-erprobten Reifen durch die Straßen von München, Zürich und Düsseldorf. – Einen, der mir gar zu eingebildet da oben thronte, fragte ich an einer Ampel, ob er sich da oben wie im Wilden Westen oder wie in Südafrika fühle? Er begriff den Sinn meiner Frage nicht und rief fröhlich zu mir runter *Alles klar!* Das paßt immer.

Keiner braucht sich heute zu genieren, mit einem solchen Auto zu fahren (es sei denn, er begegnet mir). Das, was vor ein paar Jahren als Idiotie gegolten hätte, gehört mittlerweile zum besten aller Töne. Wenn ein Manager von Hoechst und der Betriebsleiter irgendeiner andern noch nicht pleite gegangenen Großfirma sich zur Vorstandssitzung am Montag morgen mit Jeeps auf dem Werksparkplatz treffen, ist das durchaus *okay. Man darf das nicht so eng sehen.* Das sind *Männer, die es packen,* die mit ihrer *Freizeit* was anfangen können. Also bitte. Manche Neulinge sind anfangs noch schüchtern; sie glauben, bei Nachbarn und Freunden Gründe für ihr kastiges Auto angeben zu müssen: das Bootshaus, die Skihütte, die man leider, leider nur mit diesem *unmöglichen* alternativen Auto und seinem Allradantrieb erreichen könne, das natürlich leider, leider eine Menge Sprit verbrauche, man wisse schon. – Ich weiß nicht, ob ich solche Leute freisprechen soll? – Ein Antiquitätenhändler jammert, er komme einfach mit keinem anderen Auto an die steilgelegenen Südtiroler Bauernhöfe heran, um den Bauern den letzten schönen Schrank abzuschwatzen.

Der Zeitgeist, meine Damen und Herren, rollt auf diesen dicken Rädern. Da haben Sie alles zusammen: Pseudowildheit und Abenteuergaukelspiel, den Selbstabholergedanken, und wenn's mal brennt, politisch und so, dann runter von der Straße und ab über die grüne Grenze, ehe das kriegstaugliche Gefährt womöglich beschlagnahmt wird.

WARUM ICH NIE WIEDER FOTOKOPIEN MACHE

Wie immer wäre alles ganz anders gekommen, wenn ich etwas früher oder später aus dem Haus gegangen wäre oder einen anderen Parkplatz gefunden hätte. Aber es geht nicht um Vorherbestimmung, da bin ich nicht kompetent. Es geht um ein anderes, nicht weniger existentielles Problem: um das Fotokopieren.

An jenem denkwürdigen Tag betrat ich einen dieser Copy-Shops, die in den Universitätsvierteln der Städte wie Pilze aus dem Boden wachsen. Drei der treu summenden Geräte waren besetzt, zwei waren defekt. Ich stellte mich hinter einen soliden Herrn, der so aussah, als sei er bald fertig, und ordnete die Papiere, die ich zu vervielfältigen gedachte.

Am besten, ich gebe es gleich zu: drei Dutzend eigene Gedichte wollte ich je fünfmal kopieren, um sie den letzten Verlagen zu schicken, die sie noch nicht erhalten hatten. Außerdem hatte ich da noch einen Zeitungsartikel von mir, den ich zu verzehnfachen gedachte, um jederzeit damit prahlen zu können. Dann noch eine Karikatur aus einer Zeitschrift, die ich geliehen hatte. Ferner eine Reportage über Gangstermethoden im Pressewesen, die ich informativ und aufhebenswert fand, aber nicht ausschneiden wollte, weil auf der Rückseite ein Bericht über einen Künstler stand, den ich auch aufheben wollte. Da ich aber »Kunst« woanders aufbewahrte als »Mafia«, unberechtigterweise, brauchte ich von einem der beiden eine Kopie. Schließlich noch ein Brief ans Finanzamt, der mir so raffiniert und gelungen schien, daß ich ihn im nächsten Jahr wieder so ähnlich abfassen wollte – und zu guter Letzt einen der schönen alten italienischen Zehntausendlirescheine, die es bald nicht mehr geben würde.

»Haben Sie auch viel?« fragte ein Geschichtslehrer, der sich mittlerweile hinter mich gesellt hatte. »Nicht der Rede wert«, sagte ich. – Jetzt erst fiel er mir auf, der Mann vor mir. Er trug einen grünen Lodenmantel, offen, damit er beweglicher wäre, und er hatte ziemlich rote Ohren.

Alles wäre ganz anders verlaufen, und ich wäre noch heute ein bedenkenloser Reproduzent von allen möglichen Druckwaren, wenn an jenem schicksalhaften Samstag ein hübsches Zigeunermädchen vor mir gestanden wäre und Liebesgedichte von Heinrich Heine kopiert hätte. *»Mein Fräulein seien Sie munter«*, hätte ich den Dichter sofort variiert, *»das ist ein simpler Trick: den Knopf da drücken Sie runter – dort kommt das kopierte Stück.«* – Aber so etwas passiert ja nie. Wo immer man anstehen muß, stehen vor einem schreckliche Menschen.

Nach zehn Minuten begann ich unruhig zu werden und ich warf einen ungehaltenen Blick auf den Titel des Bandes, aus dem der Rotohrige so emsig kopierte: »Freiheit im Aufwind – Betrachtungen eines Demokraten.« Wie weißer Salat quollen die Merkzettel aus dem Buch. Der Lodenmantel kopierte eine Seite, blätterte bis zum nächsten Einmerker, zählte, wog ab und entschloß sich, die dazwischenliegenden Seiten auch zu kopieren. So ging das ständig. Ich mußte noch Brot und Milch kaufen, bald würden die Läden schließen. Die Ohren vor mir glühten immer röter. Jetzt fielen ihm auch noch zwei Merkzettel aus dem Buch, und er bückte sich hektisch. Am Gerät links von mir war ein Koreaner wild entschlossen, das »Notenbüchlein der Anna Magdalena Bach« komplett zu kopieren. Rechts ein Student, der sein Gerät mit der gelangweilten Leidenschaft eines Flipperspielers bediente.

Nun war es zwölf, die Läden würden schließen. Ich begann die roten Ohren vor mir zu hassen und auch diesen Haaransatz. »Das Zeug lesen Sie doch nie!« rief ich nach vorn. Er reagierte nicht. Ich haßte dieses Buch. Fünf nach zwölf. Ein Wochenende ohne Brot und Milch. Ich haßte diesen demokratischen Aufwind, mit dem der erbarmungslose Mensch vor mir meine Zeit stahl. Jetzt aufgeben wäre auch unsinnig. Mein Haß dehnte sich auf diese ganzen stumpfsinnigen Kopiergeräte aus. Gingen sie nicht auch dauernd kaputt? Wenn ich an die Reihe käme, würde mein Kasten vermutlich sofort einen Papierstau haben – Reklamationen Montag ab zehn Uhr.

Ich drehte mich um: vier, fünf, sechs Wartende, unbegreiflicherweise alle ganz geduldig. Schafe, dachte ich. So stehen nur Süchtige an. Vervielfältigungssucht kennzeichnete diese Gesichter. Landesweit, bundesweit, weltweit grassierte die Sucht, von jedem beschriebenen, bedruckten Papier, von jeder besseren Buchseite eine Kopie zu machen. Es gab bereits Freundschaften, ja Ehen, die nur deshalb geschlossen wurden, weil einer der Partner in seinem Büro Zugang zum kostenlosen Kopieren hatte. Frönten all diese Gestalten nicht einem ganz perversen Vermehrungstrieb? Schon die Haltung der Leute an den Geräten verriet eindeutig, daß es sich beim Kopieren um einen verstümmelten Zeugungsakt handelte, um primitivste Ersatzbefriedigung: auf Knopfdruck vollzieht sich die wunderbare Vermehrung. Es schiebt und ächzt ein bißchen, es flammt und gleitet, dann ist es schon geschehn: schnippisch schnell oder lasziv langsam, je nach Fabrikat, wird die Kopie geboren, mal schön, mal blaß und mal verkohlt.

Es war nun unvermeidlich, daß ich mich selbst zu hassen begann. War ich denn besser als dieses unermüdliche Rotohr oder der schreckliche Flipperspieler? Wer weiß, ob nicht auch meine Ohren glühten, wenn ich in meinen Gedichten wühlte. Und fielen mir nicht auch immer Zeitungsausschnitte zu Boden, brauchte ich nicht auch immer stundenlang für meine idiotische Vermehrungsprozedur, um dann zu Hause festzustellen, daß die Zeilen, auf die es mir ankam, nicht mehr ganz auf der Kopie drauf waren?

Ich ging in mich und gestand mir, was ich nie hatte wahrhaben wollen: daß ich all die Kopien, die ich im Lauf der Zeit gemacht hatte, nie gelesen hatte. Sie stapelten sich in irgendwelchen Mappen und vermittelten mir das trügerische Gefühl von einem Wissen, das ich in Wahrheit gar nicht besaß. Endlich bekehrt und erleuchtet trat ich aus der Reihe. Der Geschichtslehrer rückte erfreut nach. Rotohr, glühender denn je, der ohne es zu wissen für meine Bekehrung so wichtig gewesen war, schien jetzt gleich fertig zu sein – aber das hatte ich anfangs auch geglaubt. Befreit wie nach einer gelungenen Suchtentziehungskur trat ich ins Freie und entwarf im Geiste den Sprühdosenspruch *Nieder mit der Kopie – es lebe das Original.* Und: *Papier, das keiner mehr liest.*

Nun mein Problem: Es juckt mich, eben diese Seiten hier ein paar Suchtgeschädigten vor Augen zu führen. Soll ich mich nun wirklich hinsetzen und sektiererhaft mit Kohlepapier drei matte Durchschläge tippen, oder kann ich es mir leisten, paradox zu sein und zu kopieren, rückfällig zu werden, nur noch einmal?

WARUM ICH NICHT NACH AMERIKA FAHRE

Seien wir ehrlich: es ist alles Angeberei. Bescheidenheit ist nichts anderes als Angabe, Versagen ist Angabe, Kleinmacherei ist nichts anderes als Großtuerei. Wir geben alle an, denn irgendetwas in uns drängt uns, unverwechselbar zu sein.

Wenn sich auf Parties zwei Frauen mit demselben Kleid begegnen, dann fällt zwar heute keine mehr in Ohnmacht, aber peinlich ist es noch immer. Leider ist das Bekleidungs-Originalitätsbedürfnis bei Männern nicht so stark ausgeprägt, sonst gäbe es keine Uniformen. Insofern wäre es dann doch ein erwägenswerter Abrüstungsschritt, nur Frauen zum Wehrdienst zu bemühen. Aber das sind Phantasien, und ich will hart bei der Wirklichkeit bleiben. Wenn das Bedürfnis nach Unverwechselbarkeit ein elementares Menschenrecht ist, dann ist die Uniformiertheit des Militärs ein Schlag ins Gesicht eines jeden Erdenbürgers. Und eine Regierung, die dauernd den Individualismus auf die Plakatwände klebt, sollte auch die Uniform abschaffen. Jedem Soldaten, jedem Liftboy sein individuell besticktes Wams. – Auch die Gleichförmigkeit der Richter-Roben ist beklemmend, und schon deshalb möchte ich eine Straftat vermeiden, um nie vor dieser Front von Schwarzkitteln stehen zu müssen, die immer noch so aussehen, als seien sie Hitlers Volksgerichtshof entsprungen.

Die Frage, die sich heute dem Angeber dringender als je stellt, lautet: wie kann ich mich noch unterscheiden? Durch Kleidung ist das nicht mehr möglich. Die Unterscheidung mittels Autotyp herbeizuführen, ist ein weiterer vergeblicher Weg. Aber ich habe gut reden. Denn endlich habe ich mein Unterscheidungsmerkmal gefunden. Ich unterscheide mich im Bereich Urlaub ganz wesentlich von anderen Westeuropäern. Natürlich nicht durch irgendwelche exquisiten Reiseziele, Geheimtip-Inseln, wo vor drei Jahren angeblich noch kein einziger Tourist war – wer glaubt das noch, der Globus ist längst ausgebucht. Nun ist es nicht so, daß ich miesepetrig zu Hause bleibe und behaupte, daß es da doch am schönsten sei, das machen schon genug Oberlehrer. Nein, ich reise durchaus, weiß Hotels und fremde Sitten zu schätzen – nur gibt es ein Land, wo ich nie hinfahren werde, und das ist Amerika.

Mein Antiamerikanismus wird gespeist aus den vollzogenen oder geplanten Amerikareisen meiner Bekannten. Moden sind dazu da, daß man ihnen ausweicht; das hält beweglich. Diese seit einigen Jahren grassierende Sucht, den Sommerurlaub in den *Staaten* zu verbringen, trifft bei mir auf die reinste Verachtung. Das mag kindisch und trotzig sein, aber ich leiste mir meine provinzielle Verbohrtheit. Dieses *Da muß man gewesen sein,* das ich immer häufiger höre, wenn es um Amerika geht, stößt mich zunehmend ab und festigt meinen Entschluß. *Sie werden es ja sicher kennen,* sagt mir manchmal jemand, der mir von den New Yorker Slums oder den Niagarafällen oder von San Francisco vorschwärmt. Dann schüttele ich den Kopf und sage kühl und genießerisch, daß ich den Ferien-Run ins gelobte Land von Freiheit, Weite und miserabler Sozialversicherung nicht *fascinating,* sondern affig finde. Was soll ich denn da: je mehr sich die Amerikareise zu einer Art Pflichtbesuch auswächst, zu einem Ding, das man unbedingt gemacht haben muß, desto sturer verschließe ich mich der Verpflichtung. Ich mag auch keine Bücher lesen, die man lesen *muß.*

Man fährt nicht schlecht, wenn man sich solchen Pflichten entzieht.

Soeben, nach dem Betrachten der Fernsehnachrichten, stelle ich fest, daß es nicht nur der flache Wunsch nach Originalität ist, der mich von Amerika fern hält. Es ist mehr. Es ist fast so etwas wie ein säkularisiertes Unschuldsbedürfnis. Noch am Ende meines Lebens möchte ich sagen können, seht, meine Füße sind unbefleckt, sie haben dieses Land nie betreten, in dem so vieles abscheulich ist, und dem seine Abscheulichkeiten so großzügig nachgesehen werden. In diesem einen Punkt will ich konsequent und unerbittlich sein.

Es gibt besorgte Politiker, die immer noch das Schrekkenswort Antiamerikanismus warnend in die Luft rufen und die schon bei der Koseform *Ami* zusammenzucken und befürchten, der Präsident der Vereinigten Staaten könne mitgehört haben und uns nun seine Gunst und einige seiner Raketen entziehen. Es ist erstaunlich, wie sehr hinterm Mond diese Leute leben. Denn längst hat der Amerikanismus den Antiamerikanismus abgelöst. Spätestens seit Beendigung des Vietnamkrieges und seit der Nostalgiewelle, die uns ein Comeback der Humphrey-Bogart-Filme beschert hat, ist Amerika für ältere Jungfilmer und ehemalige 68er Studenten wieder attraktiv geworden. Von den vielen kritiklosen Zeitgenossen ganz abgesehen, die nichts anderes wollen als den geliehenen Buick oder Chevrolet mal lässig über den Highway zu steuern. Wirklich, manchmal glaube ich, daß ich der letzte Antiamerikanist bin. Natürlich habe ich nichts gegen die Amerikaner, jedenfalls nicht mehr als gegen andere Leute auch. Franzosen, Russen, Engländer, Deutsche – die haben doch alle ihre Macken.

Politisch nehme ich den Amerikanern fast alles übel: ihre smarten Präsidenten samt deren Gattinnen, von den GIs ganz zu schweigen, die ihre Milchärsche in die hintersten Ecken der Welt setzen müssen. Was mich an den Amerikanern darüberhinaus stört, ist ihre Kaugummikauerei und die knödelige Art, wie sie den unschuldigen Buchstaben *r* aussprechen. Überhaupt sind die amerikanischen Quetschlaute eine Beleidigung der englischen Sprache. Mit diesem Urteil stehe ich nicht gerade allein, weshalb ich mich auch nicht weiter auslassen will. Was viel schlimmer ist als der breiteste Middle-West-Slang, das sind die Amerika-Urlauber, die das Knödel-*r* als Souvenir mit nach Hause bringen und nun ihre Erzählungen und Lichtbildervorträge im US-Originalton abhalten, was ich hier mangels Beherrschung der Lautschrift nicht wiedergeben kann. Einer, der drüben alles *great* und *terrific* gefunden hatte, vertraute mir an, daß er gerade die amerikanische Aussprache so gut und so sexy fände; vor allem bei Frauen mache ihn der breite Slang ganz verrückt.

Diese Bemerkung erklärt die tiefenpsychologischen Gründe der Amerika-Urlauber: man ist regelrecht geil auf die USA wie auf eine verkommene überschminkte Nutte, die man nach Herzenslust verachten kann, während man mit ihr schläft. Endlich mal ein ordentliches reaktionäres Weib, dem man als alter Europäer überlegen ist.

Da ich meinen Antiamerikanismus ab und zu nähren muß, schlage ich keinen Dia- und Schmalfilmabend eines US-Urlaub-Heimkehrers ab. Das hat zur Folge, daß ich mich in New York, Chicago und in all diesen Käffern bis rüber nach L. A., wie die Profis zu Los Angeles sagen, ziemlich gut auskenne. Manchmal komme ich mir vor wie Immanuel Kant, der nie aus Königsberg herauskam, als Leser von Reiseberichten aber jeden Winkel in London kannte.

Ich weiß, wo New Yorks Straßen die meisten Schlaglöcher haben und daß ein Frühstücksei im Hotel sieben Dollar kostet. Das genügt.

WARUM ICH KEINE HOBBYS HABE

Es war kein Coupé mehr frei, und ich lief den Zug im schmalen Gang noch einmal ab. Zu den Rauchern wollte ich nicht, weil ich lieber in der sauberen Luft des Nichtraucherabteils qualme.

Zu den drei Soldaten wollte ich nicht, auf den Rentner mit dem Plastikhut hatte ich auch keine Lust, der Mathematikstudent sah mir zu trocken aus, der Versicherungsagent ging mir mit seinem Aktenköfferchen auf die Nerven. Zu der Mutter mit Kind mochte ich mich nicht setzen, weil ich meiner eigenen Familie gerade entronnen war. Die schöne, kluge, ebenso beredte wie schweigsame, sehnsüchtig auf mich wartende Reisebegleiterin befand sich wie immer nicht im Zug, und so schlüpfte ich schließlich zu einer netten, etwa 30jährigen Frau, die etwas zu geschminkt und gefärbt herausgeputzt war, die eine etwas zu miese Illustrierte las und die, wie sich gleich herausstellte, aber da war es zu spät für eine Flucht, auch etwas zu süß und zu stark parfümiert war.

Ich packte ein Buch aus, das mir zu lahm war, griff zu einem zweiten, das mir zu gestelzt war, und blickte in den Himmel, der mir zu grau war.

Gleich würde ich einschlafen, aber da fragte sie mich erbarmungslos, ob ich gerne lese. Und meine einsilbige Antwort hinderte sie nicht, das Verhör fortzusetzen und sich nach meinen Hobbys zu erkundigen. »Ich habe keine Hobbys«, sagte ich freundlich, aber bestimmt. Da sah sie mich an wie einen Mißratenen, sagte »Sie armer Mensch«, und es hätte gefehlt, daß sie sich bekreuzigte. Sie brach das

Gespräch beleidigt ab, und ich hatte keine Lust mehr, ihr darzulegen, was mich zu meiner Antwort bewogen hatte.

Ich tue ja eine Menge Sachen gern, aber es käme mir wie ein Verrat vor, sie als Hobbys zu bezeichnen. Das Schlimme an den Hobbys ist, daß sie so etwas wie Qualitätsprädikate auf dem Heirats- und Partnerschaftsmarkt sind. *Wandern, Segeln, Reiten, klassische Musik* und das berühmte *gute Buch* ergeben zusammen mit Alter und Gewicht, Vermögen und gegebenenfalls Oberweite das komplette Bild des Menschen. Das Hobby dient zur Kurzcharakterisierung. Unter Angabe seiner Hobbys begibt sich der leitende Angestellte auf Brautschau und der Kanzlerkandidat in den Wahlkampf. Dabei empfiehlt sich eine vertrauenerweckende Vorliebe für populäre, nicht zu ordinäre Sportarten; auch das modisch verjüngende *Squash* macht sich gut trotz seiner Goldhamsterhaftigkeit. Daneben sollte man für diverse Kulturgenüsse schwärmen, und zur Steigerung seiner Persönlichkeit wäre die Ausübung eines ganz besonders exotischen, liebenswert-originellen Steckenpferds ratsam: das Sammeln von altem Blechspielzeug, von Porzellanpuppen oder von peruanischen Holzflöten macht einen vollends zum echten Individualisten. Auch eine leichte Aufweichung der Rollenklischees kann heute dem Image nur nützen. Die Zahnärztin mit Motorrad-Hobby, die am Wochenende mit ihrer 80-PS-Maschine durch die Voralpenlandschaft prescht, findet ebenso Anklang und Respekt wie der Philosophieprofessor, der exquisite Sechs-Gang-Gerichte nach dem indonesischen Kochbuch zubereitet.

Je mehr Hobbys, um so vielseitiger erscheint die Persönlichkeit: Das sind doch noch Leute, die sich nicht vom Beruf auffressen lassen und die mit ihrer Freizeit was anfangen können. Nicht nur haben sie eine interessante Spitzenposition, nein, sie gehen auch noch in Theater und Konzert und im Herbst in die Berge, reisen gern, können sich es aber auch zu Hause mit einem hübsch ausgestatteten Klassiker-Bändchen bequem machen, während sich auf dem Plattenteller ein Streichquartett dreht. Fingerfertige Menschen begeben sich zwischendurch in ihren Hobbyraum und verzinken mit fachmännischer Miene die Schubladen selbstgeschaffener Kommoden, tolpatschigere Gemüter ertüchtigen sich indes mit dem hobbymäßigen Hacken von Holz für den Hobby-Kamin, immerhin eine kaiserliche Beschäftigung, wie man weiß.

So wünscht man sich seinen Partner, seinen Kanzler, seinen König. Mit Hobby und Hobbyraum. Kein Architekt, der nicht einen Hobbyraum, Hobbykeller in seinen Grundriß mit einplant. Selbst die junge Monegassenfürstin wünscht sich in ihrem neuen Château neben drei Badezimmern einen Hobbyraum. Das Hobby verbindet uns alle – das ist die Botschaft der Hobby-Ideologie, an der natürlich nichts wahr ist: Das gute Buch bleibt ungelesen, die Platte verschwindet halbabgespielt für immer, gewandert wurde das letzte Mal vor drei Jahren einen halben Nachmittag, und im Hobbyraum sammeln sich leere Flaschen und Zeitungsstöße für die Tätigkeit, die man zwar nicht als Hobby bezeichnet, die man aber als heimliches Hobby betreibt: das Recycling. Rein in den Container – das macht heute Chefs und Chargen gleichermaßen Spaß. Den Abfall an die richtige Stelle werfen, das ist freiheitlichdemokratisch und grundordentlich dazu.

Neben diesen mehr oder weniger intensiv ausgeübten Prestige-Hobbys, mit denen man einerseits seine Persönlichkeit zu krönen glaubt und sich andererseits als normal erweist, gibt es noch jene außerberuflichen Betätigungen, mit denen man nicht prahlen kann, weil sie der Allgemeinheit als zu einseitig und zu schrullig erscheinen, sei es das Sammeln von Briefmarken oder Schmetterlingen, sei es das Züchten von Brieftauben oder von besonders deutschen

Schäferhunden, sei es das nächtelange Herumspielen am Amateurfunkgerät oder an der elektrischen Eisenbahn, was ja alles noch die tiefgründigste Freizeitbeschäftigung ist, verglichen mit dem sogenannten Videospiel, das jetzt millionenfach den Hobby-Markt erobert und das die Hobbys alter Schule fast liebenswert erscheinen läßt: Wahrscheinlich war es doch sinnvoller, beim Hobby-Hören von Haydn auf der ersten Seite des leicht gekürzten bibliophilen Fontaneromans einzuschlafen und von der Hobby-Wanderung zu träumen oder sich an der Hobby-Werkbank die Daumen blau zu quetschen, als mit stierem Blick am Hobby-Bildschirm Ufos zu torpedieren.

Um an dieser Stelle nicht zur Kultur-Unke zu werden, sei ein Toast auf jenen Teil der vielbeklagten Jugend ausgebracht, dem selbst mit dem Computerspiel keine Freude mehr zu machen ist: Wer sich konsequent für gar nichts interessiert, wen partout alles anödet, der wird sich vielleicht auch nicht in Berufe zwingen lassen, die so eintönig sind, daß sie Ausgleichshobbys nötig machen, die ja doch nur unsere Freizeit begradigen, flurbereinigen, rationalisieren, disziplinieren, die uns die letzte Zeit stehlen und die uns ablenken von Liebesabenteuern, von wilden Träumen und verrücktem Denken. Eine kühne These, sicher, aber wenn man keine Hobbys hat, kommen einem die seltsamsten Einfälle.

WARUM ICH TROTZDEM DEMONSTRIERE

Es ist zum Verzweifeln, immer kommt irgend etwas dazwischen. Schon seit Monaten möchte ich endlich meine Ansichten zu diesen neuen Geldautomaten präsentieren, und zwar so, daß fürderhin jeder Leser lieber ein Wochenende hungert, als noch einmal von dieser stolzen Neuheit der Banken Gebrauch zu machen; auch will ich mein Für und Wider zu der wandelnden Kopfhörergeneration nicht länger zurückhalten. Aber dann zwingen einen die großen historischen Ereignisse doch immer wieder, den Blick vom aufschlußreichen Detail abzuwenden und über die trübe Politik gleiten zu lassen. Einmal ist es eine Bundestagswahl, die ich nie verstreichen lassen könnte, ohne den Rat zu erteilen, monarchistisch zu wählen – und dann ist es wieder ein heißer Rüstungsherbst, ein sommerliches Einfrieren der Ost-West-Gespräche oder was weiß ich was für eine politische Klimaverschiebung, die mich in Rage bringt und die zu kommentieren meine lästige moralische Pflicht ist.

Wenn sich zu meinem Zorn Betrübnis gesellt, so liegt das daran, daß ich vor kurzem in der Wochenendbeilage einer liberalseriösen Tageszeitung eine Satire auf das neue Demonstrationsstrafrecht las, deren eleganter Stil mich gleich mit Kollegenneid erfüllte. Sie gipfelte darin, daß erstens nur noch für die deutsch-amerikanische Freundschaft demonstriert werden dürfe, und zweitens nur noch allein: schon wenn zwei Leute demonstrierten, sei Gewalttätigkeitsgefahr gegeben und die Polizei müsse einschreiten. – Am folgenden Montag rief ich in Bonn an, um zu erfragen, ob und wie die Ministerien des Inneren, der Verteidigung und der Familie, die da aufs Korn genommen worden waren, auf die Satire reagiert hätten. Die Presseleute schluckten ihren Frühstückskaffee und behaupteten dann, die Minister hätten beim Lesen der Satire geschmunzelt (Inneres), geschnurrt (Verteidigung) und gekichert (Familie). Was ich denn wolle, es herrsche ja schließlich Pressefreiheit.

Mit Satire kommt man den Leuten nicht bei. Sie empfinden es nämlich als Ehre, wenn sich Intellektuelle ihretwegen etwas einfallen lassen. Das haben mittlerweile selbst die sowjetischen Brummbären begriffen, und Amerikas Präsidenten ziehen angesichts der schärfsten Karikaturen seit jeher den Mund schief und entblößen fröhlich ihre Jacketkronen. Attacken geraten zur Satire, und satirische Attacken werden immer genüßlich als Beweis der eigenen Macht aufgefaßt. – Doch hier ist der Ort nicht, wie Schiller so treffend sagt, diesen Gegenstand, den nur eine eigene Ausführung in sein volles Licht setzen kann, weiter zu verfolgen.

Ich weiß nicht, was wirkungsloser ist: schreiben oder demonstrieren. Jedenfalls habe ich keine Lust, mich den ganzen Herbst schriftlich mit den hahnebüchenen Argumentationen der Machthaber einzulassen. Ich schreibe auch keine Friedensbittbriefe an die Regierungschefs; die laden mich dann doch nur wie ein 11jähriges Mädchen in die Hauptstadt ein, zu einer versöhnlichen Sightseeing-Rundfahrt mit Würstchen.

Dann gehe ich lieber an die Luft und auf die Straße. Es fällt mir nicht leicht. Ich kann nämlich große Demonstrationen nicht ausstehen. Lieber sitze ich in der Sonne, spiele mit meinen Kindern und erwarte den Besuch schöner Frauen. Menschenaufläufe machen mir Angst. Ich war mal beim Militär. Seitdem ist mein Horror vor marschierenden Massen fast hysterisch. Aber noch schlimmer ist es, sich alles bieten zu lassen.

Daher ging ich auch zur Zeit der Studentenunruhen lieber auf die Straße als ins Seminar. Denn dort saßen nur die Lämmer, und deren Gesellschaft war mir noch mehr zuwider. Draußen ging mir das Demonstrationspathos auf die Nerven. Vor allem hasse ich Chöre, egal ob Sprech- oder Gesangs-, sie klingen immer soldatisch. Nur gute Spruchbandreime können mich über die Martern der Gleichgesinntheit hinwegtrösten. *Nur die allerdümmsten Kälber/ wählen ihre Metzger selber.* Das war Lyrik.

Besonders penetrant bei Demonstrationen ist die Gegenwart von Leuten, mit denen man nichts zu tun haben will, obwohl sie für ein paar Stunden lag dasselbe wollen. Früher waren es immer die alten Edelkommunisten, die mich mit ihrem glühenden Revolutionsblick und ihrer unverständlichen Moskautreue nervten. Diesmal wird es noch schlimmer. Ich meine nicht die gezückten Knüppel der Polizei. Der Innenminister sieht es halt gern, wenn Demonstranten wie Kadaver über die Straße gezogen werden, das ist sein Recht, er wurde ja gewählt, trotz meiner Ermahnungen. Das Schlimme wird diesmal die Gegenwart der regierungstreuen Demonstranten. Mit denen habe ich ernste Schwierigkeiten. Sie sind mir einfach ein zu schönes Alibi dafür, daß auch die Regierung *eigentlich* die Abrüstung will.

Wie ich vernahm, wird auch der Familienminister mit von der Demonstrationspartie sein. Sein Imageberater, so verlautet aus wohlunterrichteten Kreisen, habe ihm das geraten. Nach dem unflätigen Ausspruch, daß Friedenspolitik auch ins Konzentrationslager führen könne, muß er schleunigst Wiedergutmachungswetter machen. Neulich hat er schon ein Täubchen als Friedenssymbol enthüllt, als habe seine Partei dieses Tier erfunden. Bei den Demonstrationen wird er wohl einen Zylinder tragen, aus dem er immer wieder Friedenstauben hervorzaubern wird. Es wird mir nicht leicht fallen, gemeinsam mit diesem Herrn durch die Straßen zu ziehen. Ich mag nicht die körperliche Nähe von Menschen, deren Denken mich ekelt. Zu Hause benutzen wir die Nachrichtensendungen immer als Fernsehquiz: für wieviel Mark würdest du diese Giftqualle und jenen Warzenpavian anfassen? Die Summen gehen in die Tausende.

Jeder Politiker, der Dreck am Stecken hat, reinigt heute seinen Ruf, indem er demonstriert. So wird wohl auch der Verteidigungsminister mit von der Partie sein. Auch ihm soll man klargemacht haben, daß Friedensdemos *in* sind. Man kann es dem Mann ja auch nicht verdenken, daß er sich ernsthaft nach Frieden sehnt. Seine Stimme ist ja schon ganz samten. Wie die eines Wolfes, der Kreide geschluckt hat. Warum soll er nicht mitgehen. Deswegen die Demonstrationen zu meiden ist auch kein Weg. Die Anwesenheit von Perversen auf großen Veranstaltungen war schon immer unvermeidlich.

Meine Kinder dürfen immer fernsehen, wenn politisch etwas los ist. Kindersendungen habe ich ihnen verboten. Ich mußte einen Videorecorder kaufen, mit dem zeichnen sie die amüsantesten Szenen auf. Ihr Lieblingsspot ist die Bewerfung einer Rednertribüne mit Eiern: wie die Sicherheitsbeamten ihre Regenschirme schützend über die Führerriege halten, und wie das Dotter so zäh abtropft, das hat seine Reize. – Nun hoffen sie natürlich auf bunteres Theater und träumen schon dauernd von Tomaten auf Ministerköpfen. Das macht Kindern nun mal Spaß. Und mir auch. Ich sähe das gern aus der Nähe.

WARUM ICH TROTZDEM FOTOGRAFIERE

Es geht nicht ohne Arroganz, meine Damen und Herren. Bei allem Respekt vor den Wonnen brüderlicher Gleichheit sollten wir die Demokratie nicht auf die Spitze treiben. Volkes Wille und Verhalten sind nicht immer das A und O. Wir dürfen das sagen, wir sind keine Politiker, gottlob, die sich ächzend oder fidel dem jeweiligen Mehrheitswillen der Wahlberechtigten beugen müssen. Die Mehrheit benimmt sich oft genug zum Verzweifeln. Bedenkt man, daß bei einem sogenannten »Tag der offenen Tür« Zehntausende fröhlich in die Kasernen strömen, daß Hunderte von Vätern mit ihren Söhnchen gierig vor den Panzern Schlange stehen, um sich endlich einmal lüstern ins neueste Modell zu zwängen, daß aber bei solchen Anlässen nur zwei Dutzend Leute zaghaft gegen den Waffenfetischismus demonstrieren, dann kann jedes halbwegs friedliche Individuum das Fürchten vor der Mehrheit lernen.

Verzeihen Sie, meine Damen und Herren, ich weiß, Sie lechzen nach Optimismus, Sie warten ungeduldig auf *das Positive*, von der Finsternis wollen Sie abgelenkt, Sie wollen nicht daran erinnert werden. Aber ich mußte es nur rasch tun, um zu demonstrieren, daß die überwiegende Mehrheit oft genug einen Vogel hat und daß man keinen Respekt vor ihr zu haben braucht, wenn man nicht Kanzler werden oder bleiben möchte.

Ein Grausen milderer Art packt jeden echten Hochnäsigen bei einem anderen international beliebten Volksverhalten: dem Fotografieren. Mit Schrecken wenden wir uns ab, wenn sich Heerscharen von Touristen mit ihren Kameras über die Sehenswürdigkeiten des Abendlandes hermachen, seien es Amerikaner in Salzburg, Österreicher in Venedig, Japaner an der Loire und die Deutschen überall.

Nichts als Hohn und Spott für die Massentouristen hatte ich übrig, die sich dreist und lächelnd vor die Schlösser stellen, um sich kurzärmelig vor den Gebäuden ablichten zu lassen, deren Fassaden mit den Shorts und den T-Shirts einfach nicht harmonisieren wollen. Touristen, fand ich, waren so schrecklich rosa oder so schrecklich braun oder so schrecklich blaß; entweder waren sie schrecklich dick oder schrecklich dünn, schrecklich groß oder schrecklich klein, schrecklich laut oder leise, schrecklich englisch, französisch, amerikanisch, holländisch, japanisch oder deutsch – meine Misanthropie kannte keine Grenzen.

Bei aller Arroganz war ich nicht snobistisch genug, die sehenswerten Orte völlig zu meiden, nur weil sie vom Tourismus entstellt sind. Lieber am Königssee als im Ruhrgebiet, lieber im überfüllten Florenz als im entleerten Bielefeld ... mir geht's wie allen. Lange Zeit habe ich versucht, meine Urlaubsexistenz zu tarnen, indem ich meine Kleidung nach den Ortsansässigen ausrichtete. Und natürlich war ich niemals mit Kamera anzutreffen, nie verrenkte ich mich in Demutsgebärden vor irgendwelchen Domen oder Renaissance-Palästen, um die Bauten samt lächelnder Ehefrau oder Sonnenbrillengeliebten trotz Gegenlicht brillant aufs Bild zu bekommen. Stattdessen querte ich mit verächtlicher Miene die Rummelplätze der Kulturreisenden, eine Landeszeitung unter dem Arm, und tatsächlich wurde ich in dieser Zeit einmal – oh Sternstunde meines Touristendaseins! – von einheimischen Passanten in London für einen Inländer gehalten und nach dem Weg zum Hyde Park Corner gefragt.

Auch zu Hause war ich vor dem fotografischen Unwesen nicht sicher. Freunde, die ich länger nicht gesehen hatte, quälten mich mit ihren Fotoalben. Schauerliche Babygesichter sollten mir zeigen, wie süß der jetzt ruppige Kleine vor drei Jahren war, wie das phantasielose Eigenheim im Bau ausgesehen hatte und wie bescheuert die Chefs auf Betriebsfeiern aus der Wäsche schauten. Das alles bestärkte mich in meiner völlig kompromißlosen Ablehnung des Fotografierens.

Aber, es wird Ihnen aufgefallen sein, meine Damen und Herren, daß ich die Vergangenheitsform benütze, und ich muß gestehen, was Sie schon ahnen: auch ich bin nunmehr Fotograf geworden. Mein Paulus-Erlebnis vollzog sich an einem Sommervormittag im Salzburger Mirabell-Garten. Ich dachte gerade darüber nach, auf wievielen japanischen und amerikanischen Urlaubsfotos ich wohl ein unfreiwilliges Dasein fristen würde, womöglich Nase popelnd oder mit blödem Gesichtsausdruck, und daß man mit dem besten Anwalt der Welt nichts dagegen tun konnte. Da trat eine pummelige Dame auf mich zu, drückte mir eine Kamera in die Hand und sagte im gedehnten Landesdialekt: »Geh, san'S so nett!« Sie schritt vergnügt zurück zum Brunnenrand, erstaunlich elegant für ihren Körperumfang, stellte sich neben einen gertenschlanken Äthiopier in Positur, der legte lächelnd seinen Arm um ihre Schulter, und nun machte sie mir ein Zeichen, daß ich knipsen solle, alles sei eingestellt, nur draufdrücken.

Da packte mich, meine Damen und Herren, eine Art Ehrfurcht vor so viel Ungeniertheit. All meine Verachtung auf die manisch fotografierenden Touristen fiel von mir ab. Die hatten meinen bösen Spott nicht verdient. In dem natürlichen Bedürfnis dieses schwarz-weißen Liebespaares aus Salzburg, das Glück im Bild festhalten zu wollen, erkannte ich reumütig meine eigenen, lange verdrängten Wünsche, Spuren meiner Reisen und meiner Vergangenheit zu besitzen. Bilder tauchten vor mir auf, die ich wegen meiner albernen antifotografischen Hochnäsigkeit nie hatte machen können, eine unwiederbringliche Galerie: die protzige Aufschrift *The great Niagara* auf dem gußeisernen Wasserspeicher eines nicht funktionierenden Klosetts in Malaga; die Botticelli-Nonne, die in Irland einen Lastwagen mit Schafen durch die Gegend fuhr; der Caspar-David-Friedrich-Waldrand in der Oberpfalz – das alles war versäumt.

Zunächst besorgte ich mir einen kleinen Apparat, der in der Tasche meiner Jacke Platz fand, so daß ich nach Gebrauch mich schleunigst wieder vom Touristen zum Einheimischen verwandeln konnte. Der genügte aber schon bald nicht mehr meinen Ansprüchen; auch fand ich es halbherzig, das Ausüben meines neuen Massenvolkssports so kindisch zu verbergen. Seitdem trage ich bekennend eine gewichtige Kamera mit gewaltigem Objektiv auf der Büßerbrust. Nun werde ich zwar von anderen Fremden nicht mehr nach dem Weg gefragt, dafür eröffnen sich mir laufend neue Erfahrungen: will ich beispielsweise einen Parkweg ohne Menschen fotografieren, dann muß ich feststellen, daß es zwei Typen von Mitmenschen gibt: die einen wandern hassenswerterweise rücksichtslos ins Bild und zwingen mich, eine weitere Minute mit meiner Aufnahme zu warten, bis ihre störenden Körper endlich hinter der Biegung verschwunden sind; die anderen bleiben verständnisvoll hinter mir stehen, sagen freundlich »knipsen Sie nur erst« und machen mich mit ihrer Nähe so nervös, daß ich meine Kamera gar nicht mehr bedienen kann.

In meinem Alter kann man sich nicht mehr von einem Tag auf den anderen ändern. Und so bin ich mir oft noch selbst zuwider, wenn ich in aller Öffentlichkeit meine fotografischen Tänze aufführe. Neulich saß ich in einem Straßencafé, las einen fürchterlichen neuen Roman, den ich rezensieren sollte, und dachte mir plötzlich, daß es sinnvoller wäre, dem Autor ein Foto zu schicken, auf dem einer mit angewidertem Gesicht seinen fürchterlichen Roman liest. Ich wartete, bis ich der einzige Gast war, stellte meine Kamera auf den Nebentisch, richtete sie auf meinen Platz, bediente den Selbstauslöser, huschte zu meinem Stuhl, nahm blitzschnell das Buch vor Augen und versuchte, ein verdrießliches Gesicht zu machen. Als ich die Aufnahme sicherheitshalber wiederholen wollte, fragte mich der Kellner, der mich unbemerkt beobachtet hatte, ob er mir helfen könne. So blutrot bin ich schon lange nicht mehr geworden. Das ungenierte Selbstverständnis meiner Salzburgerin, die sich mitsamt ihrer Verliebtheit und ihrem Geliebten von einem Fremden knipsen ließ, werde ich nie erreichen. Vielleicht muß ich dazu erst eine schöne Äthiopierin kennenlernen.

■■■■■■■■

WARUM ICH KEIN SCHAF SEIN WILL

Was war das? – Konzentriert, aber mit einer gewissen Scheu machte sich am hellichten Tag mitten in der Stadt ein Mann mittlerer Größe und mittleren Alters an einer Hauswand zu schaffen. Vorher hatte er seinen Mantel geöffnet, nun machte er ein paar rätselhafte Handbewegungen, öffnete wieder den Mantel, steckte etwas hinein und verließ hastig den Ort, der von weitem wie ein in die Wand eingelassener Briefkasten aussah. – Ein Spezialist? Ein Verfassungsschützer? Ein Nachtwächter? – Warum aber wirkte der Vorgang so obszön?

Und dann passierte es einmal direkt vor mir: ein ganz normaler, unauffälliger Passant blieb plötzlich stehen, stellte seine Einkaufstüte ab, öffnete flink sein Jackett, entnahm seiner Brieftasche einen kleinen flachen Gegenstand, steckte den in einen winzigen Schlitz, und lautlos hob sich ein postkartengroßer Deckel. Ich war auch stehengeblieben, und der Mann schaute unfreundlich zu mir her. Ich trat einen Schritt näher, um besser zu sehen. Darauf drehte er mir seinen Rücken zu, und ich konnte nicht erkennen, was er Rätselhaftes tat. Er machte sich wieder auf diese seltsame Art zu schaffen, und wieder sah das irgendwie unanständig aus: glotzten nicht so ähnlich die Lüstlinge in die Luken der Peep-Shows? Ich trat jetzt dicht an ihn heran, da drehte er sich wütend um: »Was machen Sie denn!?« zischte er. »Das wollte ich *Sie* fragen«, rief ich gereizt. Nun stöhnte er leise, daß man nicht einmal hier seine Ruhe habe, steckte sich etwas ein und ging verärgert davon.

Besseren Bankkunden war natürlich längst ein Begriff,

was mich noch verwunderte: der Geldautomat, aus dem man sich neuerdings mittels Scheckkarte und sogenannter Geheimnummer von seinem Konto bedienen kann, ohne an den Bankschalter gehen zu müssen. Und eben jene stille Zwiesprache mit dem künstlichen Gespielen muß auf den unverdorbenen Beobachter pervers wirken. Hinzu kommt, daß diese Leute ihr Geschäft zwar öffentlich verrichten, aber dabei ängstlich bestrebt sind, daß nur ja niemand ihren Kontostand mit ablesen oder gar sie beim Eintippen der Geheimnummer beobachten kann. Daher die verlegene Hast und die breiten Rücken der Benutzer.

Dabei hatte alles so verheißungsvoll begonnen. Die Besucher des Grafen von Vollstädt kamen in den 40er Jahren des 13. Jahrhunderts aus dem Staunen nicht heraus, als ihnen ein mechanischer Mensch aus Eisen und Leder die Tür öffnete und sie nickend begrüßte. »Gestatten, mein neuer Kammerdiener«, sagte der Graf mit dem Gelehrtennamen Albertus Magnus und brach in schallendes mittelalterliches Gelächter aus. – Die Erfindungen rissen nicht ab. Ein künstlicher Adler begrüßte flügelschlagend den Kaiser Maximilian bei seinem Einzug in Nürnberg, und im Barock wurde es immer toller: Enten watschelten, Nachtigallen schlugen, und ganze Orchester paukten und trompeteten mechanisch zu Klängen einer auf Walzen gestanzten Musik. Paare tanzten, und kleine Soldaten schossen Salut. Die Erfinder der wunderbaren Automaten, Selbstbeweger, wie sie auf schlecht deutsch heißen, freuten sich wie die Kinder, wenn sie ihre Puppen tanzen ließen, und mit ihnen freute sich das staunende Publikum.

Ein Engländer namens P. Everitt steht in Verdacht, in der Mitte des vorigen Jahrhunderts den alten Traum vom künstlichen Menschen als treuem Gehilfen in einen simplen Verkaufsautomaten verwandelt zu haben. Damit kam der Abstieg. Erst waren es Postkarten und Briefmarken, die gegen Einwurf einer Münze zu beziehen waren, bald waren es auch Rauch- und Naschwaren. Die Automaten haben sich bis heute erhalten, neue sind hinzugekommen. Man bekommt jederzeit pappige Sandwiches mit Sorbinsäure und Kaffee, von dem ich behaupten würde, er sei nichts als Spülwasser, wenn ich mich damit nicht in die Schar jener Schwächlinge einreihte, die immer nach starkem Kaffee brüllt.

Das Perfide an den neuen Geldautomaten ist nicht, wie manche glauben, daß man nun noch mehr Geld ausgibt oder daß die Bank dadurch Personal spart. Ich habe die Bankschalterleute nie um ihren Job beneidet, sondern immer wegen ihrer Achselschweißflecken bedauert; und Verschwendung ist eine großfürstliche Tugend, die auch dem Bürger zu gönnen ist. Das Perfide liegt in der Klammheimlichkeit, mit der man sich da selbst am eigenen Geld bedient, wie einst am Präservative-Automaten. Dieses Alleinsein mit seinem Kontostand, ohne die wissenden Augen des Bankangestellten ist manchen nicht unlieb. Insofern sind die Geldautomaten ideal für Schüchterne, Verklemmte, für neurotische Eigenbrötler, Stotternde und für Leute, die keine Zeit haben, was ja auch eine Form des Gestört- und Behindertseins ist. Einzig die Gastarbeiter benutzen den Automaten aus gutem Grund: sie fühlen sich hier wohler als im Innenraum der Bank. Zwar beherrscht auch der Geldscheinspeier keine Fremdsprachen, sondern nur wenige armselige deutsche Leuchtschriftsätze, aber man muß ihm nicht antworten.

Das Hinterhältige ist nun, daß die Banken den elektronisch gesteuerten Intimverkehr mit dem Konto als exklusiven Superservice anbieten, in Wirklichkeit sich aber damit nur die lästige Kundschaft vom Leibe halten. In Amerika, das immer einen Schritt voraus ist, wird das deutlicher: Kunden mit mageren Konten sollen die freundlichen IBM-

Automaten draußen vor der Tür benutzen; handabgezähltes Geld am gepflegten Schalter ist für die upper class reserviert. – Hie und da wird Unmut laut, die Herde aber pilgert brav zum Automaten wie zur Futterkrippe und fühlt sich dabei gar nicht unwohl: denn der Automat befriedigt dunkle Triebe: die Geheimnummer macht den Benützer zum Geheimagenten. Noblere Banken haben bereits erkannt, daß der intime Kontokontakt auf offener Straße unzumutbar ist und haben den Automaten ins Foyer verlegt. Nach Schluß der Schalterstunden kann nun der Kunde seine Scheckkarte als Geheimschlüssel verwenden und die schwere Glastür spielend öffnen. Je nach Mentalität wird er sich dabei als Safeknacker, Bankdirektor oder Kommissar vorkommen.

Vergessen ist die Qual der langen Überstunden, das Geldverdienen wird zum Spiel. »Einfach Spitze«, jubelte ein 19jähriges Mädchen, das sich um Mitternacht noch schnell 200 Mark gezapft hatte, »unheimlich spontan« könne man sein Geld abholen. Sie wird vermutlich auch die geplante, maschinenlesbare EDV-Personalausweiskarte Spitze finden, die sich als Sesam-öffne-dich für den Bürger erweisen soll und die in Wirklichkeit die Schafe nur unter Kontrolle halten will. Die Computerleute stricken aus elektronischem Firlefanz ein Netz, in das sich die frisch gewendete *Alles-klar-* und *Alles-frisch*-Generation in ihrer digitalen Geilheit lüstern verstrickt.

Automaten reizten von Anfang an zum Betrug. Das ist tröstlich. Schon die viktorianischen Automatenerfinder fanden wertlose Blechstücke statt Geld bei der Leerung vor. Und heute trägt der gepflegte Automatenmarder englische und französische Münzen in der linken Hosentasche, mit denen er von jeder bundesdeutschen Telephonzelle aus verbilligt Ferngespräche führen kann.

Die Geldautomaten lassen sich leider nur von EDV-geschulten Leuten und gewieften Computerspielern betrügen, das allerdings, wie einem Bankdirektoren nach Mitternacht verraten, ziemlich hemmungslos.

Uns, meine Damen und Herren, den wahren Erkennern der Lage und den Verächtern der elektronischen Spielerei, bleiben genügend Möglichkeiten. Ich jedenfalls werde zunächst mein Bankkonto kündigen. Wer mir Geld schuldet, der soll es mir nach Hause schicken, das geht auch.

Kein Konto zu haben ist noch eleganter als ein Konto in der Schweiz, finde ich. Und wenn plötzlich der Kies ausgeht – wozu hat man eigentlich Freunde!

Und was die maschinenlesbare Ausweiskarte betrifft, so habe ich die Hoffnung, die mir ein EDV-Mensch in einer Nervenheilanstalt bestätigte: daß der Verwaltungsapparat an seinen Informationen ersticken wird. Vielleicht werden all die Daten auf der Bank die Bürger nicht durchsichtig, sondern undurchschaubar machen. Orwells Reißer »1984« hat eine Big-Brother-Überwachungshysterie ausgelöst, die von einem anderen Roman des Autors ablenkt: die »Animal Farm« zeigt deutlich, auf welche Art wir von welchen Schweinen regiert werden. Und Schweine können auch angesichts von Daten nur grunzen.

WARUM ICH TROTZDEM NICHTS GEGEN KINDER HABE

Für viele gehören sie einfach dazu, die lieben Kleinen. Man kriegt sie ebenso bedenkenlos, wie man sie später ohrfeigt oder ohrfeigen möchte. Sie runden Sonntagsbesuche ab, indem sie für ein bißchen Wirbel sorgen und viel Gesprächsstoff; man kichert womöglich über das, was man als guter Spießer »Bäuerchen« nennt, klagt ein bißchen über die schlechten Waschmaschinen und ist im übrigen bestrebt, mit der angeblichen Schönheit und Intelligenz seiner krabbelnden oder tobenden Erbmasse zu protzen. Diesen Eltern fehlt etwas ohne Kinder, sie gehören dazu. Bei wem sie nicht existieren, der macht sich verdächtig, der ist unvollkommen, bei dem stimmt was nicht, oder es klappt nicht.

Fast ohne Ironie will ich solche Eltern als glückliche bezeichnen, wenngleich ich mit diesem Glück nicht tauschen möchte. Es ist mir doch ein wenig zu dumpf. Schließlich bin ich nicht auf der Welt, um alles zu akzeptieren, was es so gibt. Das allgemeine Akzeptieren dessen, was man vor die Nase gesetzt bekommt, ist eine ganz abscheuliche Willfährigkeit, ganz egal ob das Politiker sind oder Erdbeben, Steuern oder Videokunst, Hausfassaden oder raketenförmige Autos, von den echten Raketen ganz zu schweigen. Weil man gar nicht weit genug gehen kann in seiner Ablehnung, akzeptiere ich nicht nur nicht die geplante Computerkennkarte, das tut ja mittlerweile schon jeder, ich akzeptiere noch nicht einmal die Schrift auf dem heutigen Reisepaß, die sich vor Jahren irgendein gelangweilter Bundesgrafiker einfallen ließ, obwohl doch der alte Schrifttyp hübscher war. Ebensowenig findet das seit etwa zehn Jahren kursierende

Fünfmarkstück vor meinen Augen Gnade. Überhaupt mag ich den Bundesadler nicht, wie ich gestehen muß, keinerlei Wappentiere und auch keine Hämmer, Sicheln, Zirkel, Stars und Stripes. Das ist weniger ein krankhafter Skeptizismus, das ist gesündester Händlergeist: kein Käufer akzeptiert den Preis, den der Verkäufer zunächst nennt. Und wer sagt, es sei kindisch, zunächst alles abzulehnen, dem stimme ich bei, denn er führt mich zum Thema zurück: erst einmal Nein zu sagen, ist kindisch, aber auch gut.

Den Fortpflanzungstrieb unüberlegt als von Gott oder sonst jemand gewollte Selbstverständlichkeit hinzunehmen, finde ich beschämend gedankenlos. Als halbwegs denkender Mensch erwarte ich vom Kinderhaben mehr als nur die Befriedigung eines angeblichen Triebes. Wenn ich mich schon weniger in Kneipen und Kinos herumtreiben kann, möchte ich als Entschädigung nicht nur sanfte Penatencremedüfte.

Worin der Vorteil vom Kinderhaben liegen sollte, war mir nicht klar. Alle kinderkriegenden Frauen und Freundinnen verwandelten sich nämlich in abgehetzte Geschöpfe, die das Wort »Streß« noch häufiger und japsender im Munde führten als der Rest der Bevölkerung. Sie sprachen keinen Gedanken mehr zu Ende aus und hörten keinem mehr zu Ende zu, weil ihre Augen ständig ihren Babys hinterherzuckten.

Meine wohlüberlegte Kindesablehnung erfuhr ihren ersten Knacks in einem Café, wo ich in wundervoller Ungestörtheit vor dem zweiten Cappuccino saß und schon an der dritten Seite eines Essays schrieb, welchen ich kühn »Verteidigung der Nabelschau« nennen wollte, weil mich der einfallslose Dauervorwurf der Kritiker noch mehr erboste als die innerlichste Poesie. Mein Zorn verwandelte sich in die köstlichsten Formulierungen, die Geräuschkulisse des Cafés beflügelte mich außerordentlich, die rissigen Gedankengänge ließen sich mühelos übertünchen. Da plötzlich gellendes Geschrei, markerschütternd, wie man sehr richtig sagt (ein unübertrefflicher Ausdruck); Eltern hatten nach kurzer Beratung ihr Kind gehindert, den Finger in den Kakao zu tauchen, um damit das Tischtuch zu bemalen. So schneidend, so sirenenhaft war das Kreischen, daß sofort mein kompliziertes Argumentationsgebäude zusammenbrach. Der Faden war verloren.

Kurz davor, von den jungen Eltern Schadenersatz für meinen von ihrem Baby zerbrüllten Essay zu fordern, fiel mir auf, daß wenige Tische weiter einer saß, den ich mühelos als jungen Dichter identifizieren konnte. Zuvor schon hatte ich seinen pseudopoetischen Blick ins Leere bemerkt, mit dem er während der Schreibpausen vor der grauäugigen Bedienung groß tun wollte. Nun blickte er laut stöhnend um sich, als wolle er sagen, er habe es nicht verdient, hier von diesem bestialischen Kind in seinen dichterischen Flüssen gestört zu werden. Gerade weil mir selbst ebenso zumute war, erkannte ich in dem schrecklichen Spiegelbild meine eigene Blödigkeit; daher solidarisierte ich mich sofort mit dem Kind, zerknüllte kurz entschlossen mein beschriebenes Blatt und warf es dem Knäblein zu, das den Papierball fröhlich aufnahm.

Seither weiß ich, daß das ärgste Kindergeplärr besser ist als hysterische Poetenblicke. Seither kann ich Kindern vieles abgewinnen. Nicht nur das trotzige *Nein* habe ich von ihnen gelernt. Wenn ich meine Erkenntnisse zusammenfassen darf, so sind es kurz diese: genau das, was auch von kinderfreundlichen Leuten *gegen* Kinder vorgebracht wird, spricht *für* sie.

Sie sorgen dafür, daß man zu nichts kommt, und das ist gut so; denn das meiste, zu dem man kommen will, ist sowieso nicht der Mühe wert. Mit ihrem Geschrei, wenn es nur laut genug ist, verhindern sie die Karrieren ihrer Eltern, was kein Schaden ist. Sie sind laut, zerstörerisch und unordentlich und sorgen so für die Demontage der preußischen Begriffe von Ruhe und Ordnung, wofür ihnen höchster Dank gebührt. Sie machen alles kaputt, wenn man sie nur läßt, und auch das ist gut. Denn es macht uns großzügig und lehrt uns, daß wir nicht unser Herz an Albernheiten wie kostbare Vasen und Perlenketten hängen sollen. Sie zerreißen Bücher und nehmen uns die falsche Ehrfurcht vor dem gedruckten Wort. Sie kreischen in Schlössern und Museen und stören beflissene Kulturtouristen bei ihrer stillen Zwiesprache mit der Kunst. Sie sind voller Leben und weisen uns dennoch unsanft auf die Vergänglichkeit hin. Was will man mehr, kein Philosoph bringt das fertig. – Ach, wie schön das alles klingt, in friedlicher Nacht notiert, und wie gräßlich bitter schmeckt es am Tag.

Kinder verhindern mit ihren Forderungen ernsthafte Gespräche, die nie ein Ergebnis gebracht hätten, sowie Seitensprünge ihrer Eltern, die nur wieder zu ernsthaften Gesprächen führen würden. Ohne Kinder begibt man sich früher oder später womöglich auf Abenteuerreisen, sammelt alte Puppen oder Bilderbücher, legt sich Hunde zu, die auf Bürgersteige kacken, oder segelt mit dem Surfbrett auf dem Mittelmeer herum und behauptet, das alles könne man ohne Kinder nicht tun; und überhaupt sei es unverantwortlich, in diese Welt Kinder zu setzen, was nun eine ebenso vernebelte Bemerkung ist wie die des Familienministeriums, das eben jene kinderlosen Surfbrettsegler zum Kinderkriegen anregen will, indem es drohend auf unsere mageren Renten hinweist. Dies ist ja nun der allergemeinste Grund, Kinder in die Welt zu setzen, eine völlig asexuelle Ministeridee. Wir brauchen jemanden, der uns gründlich erzieht, deshalb brauchen wir Kinder, auch wenn die Bälger höllisch sind. Ohne Kinder ist erst recht der Teufel los. Lieber drei brüllende Kinder als ein brüllender Vorgesetzter.

Kinder machen reif und einsichtig. Rasch und anschaulich begreift man, warum aus der Welt nichts wurde und nichts werden kann. Zwei friedlich spielende Kinder zeigen einem nach wenigen Minuten, daß die Natur pervers ist, und prügeln und quälen natürlich. Alles ist eine konfuse Mischung aus Zärtlichkeit und Brutalität, Zerstörung und Wiederaufbau; die Vernunft hat kaum eine Chance.

Das Leben erweist sich als ein einziges Ergattern von Privilegien und möglichst raffiniertem Ausbooten der anderen. Wie die lieben Kleinen im Keim diese Struktur sichtbar machen, das ist eine eindrucksvolle Erfahrung, die man aus der Literatur oder aus anderen Bereichen des Lebens so plastisch nicht gewinnen kann.

Kinder zeigen, wie dünn die Theorie ist, und rauben einem in wenigen Minuten jegliche Illusionen, die man sich über die Erziehbarkeit und über sich selbst jemals gemacht hat.

Wie sagt man? fragten einst die Mütter unerbittlich und liebevoll, und erst als das Kleinkind *danke* sagte, bekam es den Brei.

Welch ein Inbegriff erpresserischer, spießbürgerlicher, reaktionärer, engherziger Erziehung war diese abscheuliche Floskel! Wer aber auf Befehl seiner nörgelnden, wählerischen, undankbaren Kinder das fünfte Mal vom Frühstückstisch aufsteht, um die richtige Marmelade herbeizuschaffen, dem drängt sich die verachtete Wendung ganz von selbst auf die Lippen: *wie sagt man*? Und während die Eltern erschrecken vor den eigenen reaktionären Worten, fangen die Kinder an zu lachen; sie kreischen vor Vergnügen: *was reden die Alten heute für einen Mist*!

■■■■■■■

WARUM ICH MICH TROTZDEM ENTRÜSTE

Es ist zu schön, das süße Holz der Theorie zu raspeln. Nachdem ich mich nun seit einer guten Weile über alles mögliche entrüste, muß ich mich rasch darüber verbreiten, *warum* ich mich entrüste, trotzdem, obwohl es doch immer wieder heißt, daß man das alles *nicht so eng sehen* dürfe, daß man ein bißchen *cooler* sein und sich nicht aufregen solle.

Wenn ich starr vor Ekel einem Edeljeep nachsehe oder einem besonders aufgedunsenen Politiker oder einem US-Fan, der vor lauter Begeisterung über die Befreier kleine Rangabzeichen an der modischen GI-Bluse trägt, wenn ich mich entsetzt von der Fotokopiermanie zurückziehe, aber andererseits auch wieder von den freudlosen Konsumverzichtlern, wenn ich einfach nicht kapieren kann, was die Leute an Ernst Jüngers Büchern so großartig finden, dann ist immer wer da, der mir auf die Schulter klopft: laß doch, laß die doch, Kritik in Ehren, aber die tun doch keinem weh; ich solle doch etwas toleranter sein. Gleichzeitig wird mir bedeutet, ich solle mich über nicht funktionierende Telefonzellen oder verschimmelten Supermarktkäse entrüsten, ein Vorschlag, der mich nun wirklich beleidigt. Denn das, meine Damen und Herren, muß ich Ihnen gleich sagen: alles, was nicht funktioniert, finde ich von vornherein schon mal gut. Wenn nichts funktioniert, kann auch nichts passieren. Autos, die nicht anspringen, machen keine Unfälle, von nicht funktionierenden Waffen allen Kalibers ganz zu schweigen.

Niemals darf der Gegenstand der Entrüstung ein kleinkarierter sein. Er darf natürlich auch nicht zu groß sein. Es wäre etwas dumm, sich über die Praktiken der Chemiekonzerne zu entrüsten, oder über die Behandlung von Asylbewerbern durch die Behörden. Da helfen die schönsten Entrüstungen nichts, da muß anders gearbeitet werden.

Eine Unsitte sind die Entrüstungen über irgendwelche angeblichen Verfallserscheinungen, die in vielen Zeitungen mit Inbrunst gepflegt werden. Damit habe ich nichts zu tun! Immer ist es ein Verfall von Glaube und Moral, Bildung und Sprache, Zärtlichkeit und Liebe, der da mit pastörlichsten Worten bejammert wird, von Kommentatoren, die wohl noch nie in ihrem Leben vor Liebe rasten und die nicht in der Lage sind, das elektronisch gesteuerte Bremssystem in ihrem neuen Mercedes mit der von ihnen beklagten Entmenschlichung der heutigen Zeit in gedanklichen Zusammenhang zu bringen.

So eine passable Entrüstung, meine Damen und Herren, ist ein Tanz auf einem dünnen Seil: auf der einen Seite das helle Kläffen der ewigen Nörgler und Querulanten, die sich über unfreundliche Kellner erregen, auf der anderen der dumpfe Chor der zutiefst besorgten Kulturkritiker, die sich nicht trauen, die roten Strahlenhaare der Punks verwunderlich zu finden, weil sie sich dann intolerant fänden, und das wollen sie auf gar keinen Fall sein.

Eine echte Entrüstung, die ihren Namen verdient, darf weder jaulen noch jammern noch unken. Sie darf nicht geifern, nicht quengeln, nicht mit dem Kopf schütteln und sich nicht aufplustern. Das alles ist verboten. Sie sollte auch nicht in Empörung ausarten. »empört euch, der himmel ist blau«, ein hübsches Gedicht von Alfred Andersch, aber, mit Verlaub, als Motto ist mir der Spruch zu pathetisch und zu sehr Sturm und Drang. Der Sturm vergeht sehr rasch, wie das traurige Beispiel von Goethe zeigt, der erst als Kronos Disteln köpfte und später ganz zornlos war. Der Zorn muß also rationiert, er darf nicht verpulvert werden, »sonst wollt' ich nicht leben länger mehr«, wie der gute Heine so oft sagte, dieser vorbildlichste aller Spötter.

Die Auswahl des Themas ist von entscheidender Wichtigkeit, wenn die Entrüstung gelingen soll. Nehmen wir die tragbaren Miniatur-Kassettenrecorder. Sind sie ein Gegenstand der Entrüstung oder nicht? Seit nunmehr drei Jahren überlege ich mir das. Mittlerweile haben dermaßen viele Ohrenärzte und Psychologen diese sogenannten Walkmen verdammt und als Sinnbild der Vereinzelung des modernen Menschen hingestellt, daß ich, der ich einst ein großer Verächter dieser Art von Musikzufuhr war, schon aus Trotz gegen das Gebarme milder geworden bin; obwohl es mich immer noch reizt, mancher apathischen Lauscherin den Bügel vom Kopf zu rupfen und ihr ins Ohr zu spucken, auf daß etwas Leben in ihr Gesicht fahre. – Ganz und gar stil- und geschmacklos wäre die Entrüstung über ein so rührendes Ding wie einen Wohnwagen. Wenn jemand Wohnwagen beschimpft, behaupte ich sofort, ich besäße einen mit karierten Gardinen. Der Wohnwagen ist kein brisantes Thema; ihm fehlt etwas, das Kindern und Fotokopien, Turnschuhen und Demonstrationen, Theater und Zigaretten innewohnt. Er ist gräßlich, aber ohne Ambivalenz.

Es gibt dann noch eine Abart von Entrüstungen, nämlich die, die in die falsche Richtung gehen. Wenn sich der Innenminister und seine Fans darüber entrüsten, daß die Bundesbahn Friedensdemonstranten zu den üblichen Gruppenreisetarifen verbilligt Zug fahren läßt, dann ist das eher eine Auf- als eine Entrüstung. Womit mir ein hübsches Wesensmerkmal der echten Entrüstung eingefallen ist: sie ist immer pazifistisch, oder es ist keine. Hierauf weist auch der schöne etymologische Ursprung des Wortes *Entrüstung*, aber von Etymologie dürften die Machthaber am wenigsten verstehen: sich ent-rüsten, das heißt, die Waffen ablegen, und trotzdem unwillig sein und aufgebracht; eine Haltung, meine Damen und Herren, die ich als die einzig angemessene empfinde, wenn Sie erlauben, und auch wenn nicht.

Im Umkreis der Entrüstung gibt es viel Gestänker und fehlgeleitetes Gebrüll. Trotzdem und um so mehr muß die Entrüstung als literarische Disziplin und als moralische Instanz gepflegt werden. Denn unter dem Mantel der Toleranz hat sich eine Duldsamkeit eingenistet, die wahrhaft entsetzlich ist. Alle verantwortlichen Stellen sind von Leuten besetzt, die in dem Prominentenfragebogen des *FAZ-Magazins* als Lieblingstugend immer »Toleranz« angeben, egal ob Klinik- oder Mineralölkonzernchefs, ob Zeitungsherausgeber oder Minister. Spricht man sie auf Mißstände in ihren Betrieben an, sagen sie alle dasselbe: *Sie haben völlig recht, aber da ist nichts zu machen*. Wenn man das hört, und man hört es oft, kann man wirklich nur zur großen Entrüstung rufen.

Jetzt bloß nicht tolerant sein. Lieber die unvernünftigste Wut, die schäumendste Raserei als dieses wabblige Hinnehmen der Dinge. Was da als Toleranz und Vernunft auf dickem Hintern sitzt, ist oft der pure Zynismus. Das muß man ganz eng sehen.

Überhaupt muß man vieles ganz eng sehen, sonst wird es nicht deutlich. Lieber nervöse Flüche als diese entspannte Bejahung der Dinge, die sich die deutsch-amerikanischen Nachwuchsbosse in Intensivkursen für transzendentale Meditation von feisten Gurus beibringen lassen. Lieber destruktiv als intensiv. Lieber arrogant als tolerant. Denn das meiste ist nach wie vor unerträglich.

WARUM ICH NICHTS MEHR VOM WELTUNTERGANG HÖREN MAG

Das Niveau ist gestiegen. Vom Wetter redet wirklich keiner mehr. Seit einigen Jahren werden Gesprächspausen nicht mehr mit dem Hinweis auf den verregneten Urlaub überbrückt. Da sind wir mittlerweile stoisch. Bei Regen denken wir nur noch an sauer, bei Obst an Gift, bei Wald an Siechtum, bei Europa an Schlachtfeld und beim Anknipsen des elektrischen Lichts an Atomstrom und Entsorgung. Und bei Gesprächspausen denken wir folglich an den Weltuntergang und haben hier endlich ein Thema, dem wir alle nur denkbaren Aspekte abgewinnen können: literarische, philosophische, politische, soziologische, psychologische, ökologische, christliche, militärische, solare und atomare – jeder kann mitreden.

Als Nihilist alter Schule und als Liebhaber des barocken Melancholie-Gestus war mir dieses Thema, das sich im Herbst 1973 in der Folge der ersten Ölkrise scheu anbahnte, zunächst nicht unangenehm. Es hat eine gewisse Tiefe und einen Ernst. Das Gerede über Jobs und Karrieren und die permanente Bestätigung der Einsicht, daß alle, die oben sitzen, Nullen sind, hat ja auch etwas Ermüdendes. Da war das Zur-Sprache-Bringen des Untergangs tatsächlich wie eine frische Brise.

1977 kam durch einige literarische Aktivitäten eine Art Titanic-Stimmung auf: satirisch oder nicht wurde erfolgreich das Gefühl suggeriert, auf einem Luxusliner dem unausweichlichen Schiffbruch entgegenzutreiben. Das Nahen des Raketenherbstes 1983 hatte schließlich das Thema zum Schäumen gebracht, was mich betrifft, ich will nun nicht mehr. – Jetzt nur keinen Applaus, sonst behaupte ich sofort das Gegenteil!

Nicht unmaßgeblich für meinen Entschluß war eine schöne Frau, auf deren intimere Bekanntschaft ich viel Wert gelegt hätte: die warf sich mir plötzlich unerwartet an den Hals, allerdings nicht mit der Versicherung, wie gut wir zueinander paßten, sondern mit dem angstvollen Ruf, wie lange es wohl noch gutgehen werde. Mit dieser berechtigten Frage brachte sie einen so tödlich-globalen Ernst in die Unterhaltung, daß es mir unmöglich war, den Schwung ihrer Nasenflügel weiter zu preisen.

Ein weiterer Anlaß, das Weltuntergangsthema zu meiden, ist die Äußerung jenes amerikanischen Präsidenten, der mich immer an eine Schildkröte erinnert; unter Berufung auf das Johannesevangelium bemerkte er, daß wir nun mal in apokalyptischen Zeiten lebten, sorry, so oder so vollziehe sich Gottes Wille, wie immer man auch hin- und herrüste. Ich möchte mich nicht bei dem widerwärtigen Gedanken aufhalten, daß man die Macht in die Hände von Leuten mit einer Vollstreckermentalität gelegt hat, die es auch noch als würdevoll empfinden, Werkzeug des Schicksals zu sein. – Amerika ist wie immer voraus. In Europa ist man noch nicht soweit.

Hier hält man Frieden und Naturgesundung noch für möglich. Aber einige der in ihrer Folgsamkeit wetteifernden Verbündeten der Amerikaner finden den Anschluß schon und treten auch als Prediger des Jüngsten Gerichts auf – ein Grund mehr, sich von diesem Thema zu trennen. Reden wir nicht mehr davon.

Aber, werden Sie sagen, sollen wir denn wortlos zusehen, wie die uns in den Abgrund treiben!? – Es wäre ein miserabler Rat, meine Damen und Herren, wenn ich es bei der Empfehlung beließe, das Thema zu tabuisieren und den Pessimismus mit dem Optimismus zu vertauschen. Niemand wäre über den Optimismus glücklicher als die frommen Machthaber, die ungestört von unseren Ängsten das tollste Untergangsfeuerwerk arrangieren könnten. Wir wollen natürlich keine Hasen oder Karnickel sein und erst recht keine Lemminge. Aber wir verhalten uns ein bißchen wie Karnickel. Wir halten uns an den Händen und singen und versuchen, den selbstgewählten Schlangen ins Auge zu starren. Wir haben Formeln entwickelt wie *Mut zur Angst*, aber ich habe den Mut zu der Befürchtung, daß unsere Karnickelhaftigkeit, unser gewaltfreies Männchenmachen, unser krötenhaftes Geunke die uns Beherrschenden erst auf die Idee bringt, das zu tun, wovor wir mutig Angst haben. Je detaillierter wir den Untergang beschreiben, desto besser bereiten wir ihn vor. Wir suhlen uns ja förmlich in der Vorstellung des Massensterbens, des Infernos, des Holocausts, der Apokalypse und was der klangvollen Fremdwörter mehr sind. Weil der persönliche Tod weiter tabu ist, tobt man den Schrecken im großen Stil aus. Das ist offenbar leichter. Mit uns verdampfen endlich auch all unsere Probleme. Selbstmord war schon immer ein geläufiger Ausweg, und als kollektives Ereignis verliert er eher an Schrecken. Ein Auffahrunfall ist ein lästiger und fast peinlicher Makel; mit 250 Autos in eine Massenkarambolage verwickelt zu sein, das ist ein Ereignis.

Bei allem Verständnis für die Faszination des Schrecklichen habe ich keine Lust mehr, diese dumme, gefährliche und modepessimistische Untergangsmühle weiter zu schmieren. Da ich aber auch keine Lust habe, mir kurz vor der Massendeportation ins große Jenseits Bibelsprüche des Kanzlers aus dem Radio anzuhören, hier mein kleines Rezept, die systematische Ignoranz des Weltgeschehens:

Politiker leben vom sogenannten Feedback, vom Medienecho. Jedes ihrer Worte, jeden Schritt nehmen die Medien wahr. Wenn Sie zwei Jahre an einem Roman schreiben, werden Sie vielleicht von zehn Kritikern wahrgenommen. Dann ist wieder alles still. Wenn Sie als Politiker am Vormittag in irgendein Mikrophon sagen: *Dieser Vorschlag der Sowjets ist eine Zumutung*, dann kommt dieser Ihr Satz, der ja nicht gerade eine gedankliche Höchstleistung ist, am Abend schon in Millionen Wohnzimmer, und am nächsten Morgen ist er in der ganzen Welt zu lesen. Die Politiker sind also sehr verwöhnt, was ihr Echo betrifft, sie leben davon. Deswegen sitzen die Parteisekretäre mit Stoppuhren vor den Nachrichten und werden zänkisch, wenn dem Gegner drei Sekunden mehr Sendezeit eingeräumt wurden. Sie leben von ihrem Echo. Das Echo bringt sie erst auf Ideen. Sie brauchen als Kanzler nur eine Reise irgendwohin anzukündigen, dann können Sie am nächsten Morgen die verschiedentlichen Gründe für Ihre Reise den Pressekommentaren entnehmen. So leisten die Journalisten unbezahlte Denkarbeit für die Politiker. Und damit soll nun Schluß sein. Nachrichtenstopp, Totalzensur: fünf Wochen lang kein Echo, keine politische Berichterstattung, meinetwegen mehr Sport, wenn es sein muß. Ich garantiere Ihnen, meine Damen und Herren, eine solche weltweite Informationsblockade entzöge den mediengewöhnten Machthabern die Lebensgrundlage, sie gingen ein wie Topfpflanzen, die man nicht gießt. Und mit ihnen welkten all ihre krausen Pläne und ihre Vollzugsvisionen. Wir strafen sie mit dem vornehmsten und gewaltfreiesten Mittel: mit totaler Ignoranz. Nichts trifft sie tödlicher. Manche werden in drei Tagen am Ende sein, manche in drei Wochen. Dann könnten wir aufatmen.

■■■■■■■

WARUM ICH MICH GELEGENTLICH TROTZDEM IN EIN EINKAUFSCENTER BEGEBE

Seit nunmehr 24 Stunden erforsche ich mein Gewissen und frage mich, ob ich *nie wieder* ein Einkaufscenter betreten soll oder ob *trotzdem.* Man mag das für eine etwas infantile Unentschlossenheit halten, mir selbst bringt mein Gezauder die ebenso helle wie unerfreuliche Erkenntnis, daß *trotzdem* und *nie wieder* ziemlich nahe beieinander liegen. Dies ist ziemlich einerlei, solange es um die Wahl des Einkaufsortes geht, kühler wird es mir, wenn ich daran denke, aus wievielen Kehlen *nie wieder Krieg* gerufen wurde.

Doch lassen wir dieses unerfreuliche Thema fahren und wenden wir uns ganz der Frage zu, wo ein Einkauf am wenigsten quälend ist. Zugegeben, es gibt eine Menge von Dingen, die ich nicht ausstehen kann, und wenn ich mich umsehe, muß ich gestehen, es ist das meiste. Dabei fühle ich mich gar nicht als Misanthrop, ich glaubte immer, ich wäre heiter, aber sehr vieles ist doch zum Verzweifeln. Ich denke an die Popularität des Fußballsports, die mich ebenso beängstigt wie die mir unbegreifliche Beliebtheit von Schlagersängern und Politikern, die ich bewußt in einem Atemzug nenne.

Der Mensch ist doch ein geselliges Wesen, denke ich; es ist doch hübsch zu mehreren. Warum wird es nur ab einer gewissen Menschenmenge, ab einem gewissen Massengeschmack so fatal, daß man ganz elitäre Entzugsgelüste bekommt und zum Volksverächter wird, obwohl sich doch der einzelne Mitbürger im Pannenfall als rührender Hallo-Partner-bitteschön erweist, der einem mit dickem Kabel fröhlich Starthilfe gibt.

Jeder hat wohl einen Punkt, wo er die Masse flieht, und auch einen, wo er sie sucht. Von dieser etwas penetrant geratenen kulturhistorischen Überlegung gehe ich einmal aus. – Ich stille meine Massenbedürfnisse nicht auf Fußballplätzen, nicht auf Popkonzerten oder Wahlreden und auch nicht bei Demonstrationen, da man bei letzteren nicht eindeutig von einem Massenereignis sprechen kann: denn nach Angaben der Polizei haben immer nur 200 Leute demonstriert, während es nach Angaben der Demonstranten zweihunderttausend waren. Außerdem hat man bei solchen Veranstaltungen ja nur Kontakt mit Gleichgesinnten, das alles ist nicht das Wahre. Den wahren Kontakt mit dem Leben in all seinen Schrecken und seiner Vielfalt und seiner Zwiespältigkeit bekommt man am besten in einem großen Einkaufscenter. Alle besseren Dörfer und Städte Westeuropas, von Sizilien bis Oslo, haben mittlerweile an ihren Rändern, dort wo die Landschaft trostlos wird, diese unverwechselbaren schuhkartonartigen Flachbauten mit bunten Fahnen davor und riesigen Parkplätzen. In faszinierender Paradoxie zu ihrer abseitigen Lage nennen sich die gigantischen Schuppen allesamt *Center*, als könne diese Bezeichnung ihre absurde Abgelegenheit verdecken.

Ich will an dieser Stelle eine weitere kulturphilosophische These vermeiden; wie etwa: Weil die Welt ihr Zentrum verloren hat, hat sie sich ihre Center geschaffen. Ein kühner Gedanke, den ich dennoch nicht im Raum stehen lassen, sondern gleich wieder zerplatzen lassen will, weil er natürlich eine Seifenblase ist wie alle kulturphilosophischen Gedanken. – Der Grund für die Existenz der Center ist materiell. Es sind die Bauern am Rande von Ortschaften, die keine Lust mehr haben, ihren Acker zu bestellen, verständlicherweise, weil sie nämlich ihre Felder gewinnbringend an Firmen verkaufen können, die dort ihre universalen Einkaufscenter hinbauen, und daneben meist noch ein

Auto-Center, Möbel-Center, Garten-Center, Pflanzen-Center, Leder-Center, Bekleidungs-Center, Autoradio-Center, Stereo-Center, Hi-Fi-Center, Elektro-Center, Video-Center, Euro-Center, Billig-Center – nein, kein Eros-Center, denn die befinden sich noch immer im Herzen der Städte.

Natürlich wäre es töricht, deswegen in einem Center einkaufen zu wollen, weil es billiger ist. Es wird alles viel teurer. Man kauft lauter Unsinn. Um alles abzutransportieren, werden Autos mit großen Ladeflächen benötigt. Dahinein paßt dann bequem die neue Geschirrspülmaschine mit Lackschaden, wegen der man 35 Kilometer nordwestlich ins Super-Center fuhr. Zu Hause installiert man die dann selbst mittels einer Bohrmaschine, die man vorher in einem Elektro-Center 50 Kilometer südlich der Stadt kaufte. Mit Sparsamkeit hat das alles nichts zu tun, diese Leute fahren allesamt Dreißig-, Vierzig-, Fünfzig-, Sechzigtausendmark-Autos. Sie begreifen solche Einkäufe als Form der Kreativität. Außerdem läßt es sich dann besser darüber klagen, daß man keine Handwerker bekommt.

Den Gipfel der Kreativität bedeutet es, Bretter und Latten in einem Selbstbau-Möbel-Center zu kaufen und die dann nach einem Transport über 150 Autobahnkilometer zu Hause zusammenzuschrauben. Das ist dann nicht nur kreativ, sondern auch alternativ.

Alle diese Erkenntnisse kann man nur vor Ort in den Centern gewinnen. Man muß gesehen haben, wie der Inhalt der gigantischen Einkaufswagen mit fanatischem Blick ins Auto verladen wird.

Aber ich wäre verbiestert, wenn ich nur deshalb die Center aufsuchte, um Möchtegernalternative beim Kreativitätseinkauf zu beobachten. Wenn die Center-Kultur (nicht die Kultur-Center, die gibt's auch noch) auch positive Seiten hat, ja, wenn sich überhaupt so etwas wie eine Kultur da draußen entwickeln konnte, dann ist das einzig und allein den Gastarbeitern zu verdanken.

Sie bringen Stimmung und Leben in die trostlosen Warenbunker. Sie gehen mit Großfamilien durch die Regalstraßen, übertönen laut und temperamentvoll das erbärmliche Musikgesäusel und bringen es tatsächlich fertig, die sauberen, charakterlosen, aufgeräumten mitteleuropäischen Profithallen zu einem südlichen Markt, zu einem Völkerrummelplatz zu machen. Das kann der von den Nostalgikern mit Inbrunst gepriesene Eck- und Emmaladen nicht bieten. Da sich das Angebot der Waren auf den Geschmack der Gastarbeiter eingerichtet hat, kann man in den Centern auch billig an Genüsse herankommen, für die man in Delikateßgeschäften sein letztes Geld loswerden würde. Nun ist man endlich nicht mehr auf deutschen Kaffeetantenkaffee angewiesen und auf Zuckerwasserweine. Im Center am Rand der Welt gibt es literweise passablen Chianti und kübelweise italienischen Espresso und türkischen Mocca.

Der Weg, so denke ich mit stolzem Blick auf meinen Fang im Korb, hat sich gelohnt. Nun gilt es nur noch, das unerträgliche Piepskonzert der 25 elektronischen Kassen zu überstehen. Denn die Zeiten, wo die Kasse klingelte, sind vorbei, jedenfalls akustisch.

WARUM ICH EINMAL TROTZDEM DAS FEUILLETON LAS

Etwa eine halbe Zugstunde vor Frankfurt zupfte mir meine heidnische Geliebte die Literaturbeilage der *FAZ* aus der Hand, legte sie auf die Literaturbeilage der *SZ* und der *Zeit*, die ich bereits leergelesen hatte, setzte sich auf meinen Schoß und sagte mir in ihrer unvergleichlichen Art, daß sie mich nicht deswegen zur Buchmesse begleitet hätte, um mir beim Lesen zuzusehen. »Und was wird aus meinem Bericht über die Messe«, wollte ich sagen, aber sie küßte mich mit ihrem großen Lästermaul und erstickte meine Einwände, und als ich ihren in eine knallenge lila Lederhose eingepackten Po fühlte, da war mir wirklich alles egal, von Schultz-Gerstein bis Reinald Goetz, von Reich-Ranicki bis Ulla Hahn, von Reinhard Baumgart bis Botho Strauß und ganz besonders von Peter Hamm bis Peter Handke.

Wir gingen nicht auf die Messe, fuhren bis Wiesbaden, verpraßten die Spesen mit Drinks in der noblen Kurhalle, und hier kam ich endlich auf die rettende Idee: ich würde die immer wiederkehrenden Kernsätze der Buchkritik zu einer Blankorezension vereinen, zu einem Worthülsensalat mischen, der endlich mal offen das sein würde, was die meisten Rezensionen verdeckt sind: bunter Ballast, austauschbar und leer wie gedroschenes Stroh. Das sieht dann so aus:

Mit seinem neuen Roman, seinem *bitterbösen*, hat sich der Autor wieder einmal als *ein Unbequemer* erwiesen. *Unerbittlich hält er uns den Spiegel vor*, ja, er ist und bleibt *ein Ärgernis*. *Sich selbst treu*, ist er doch *immer für eine Überra-*

schung gut. Immer noch *streut er Sand ins Getriebe*, nach wie vor *unangepaßt* und *Außenseiter*, dies vor allem: *Außenseiter* (ja, diese unwegdenkbare Blüte des kulturellen Lebens, dieses Zentrum von Feierstunden, dieser Zankapfel für Verfilmer, dieses Alibi für Aufrichtigkeit und fehlende Zensur, dieses wollüstige Symbol für die Reife der Demokratie, diese letzte Hoffnung des Made in Germany, dieser Liebling der Insider, diese völlig im Schleim der Muschel integrierte Zuchtperle wird allen Ernstes als *Außenseiter* bezeichnet!) *Außenseiter*, der dem *Betrieb entsagt*, der sich immer noch *standhaft verweigert* und der sich (selbstverständlich) *jeglicher Etikettierung entzieht*, jeglicher.

Dies ist *eine Prosa*, die *nicht schreit* und *nicht anklagt, sie registriert, dringt* und *fühlt unserer Zeit auf den Grund*, vor allem *unerschrocken* (das ist wichtig), *mutig*, und sie *riskiert viel* (was, weiß ich nicht). *Eine Sprache, wie sie heute selten geworden ist, schutzlos* und *von geradezu selbstmörderischer Offenheit*, aber weit, *meilenweit entfernt von jeder Nabelschau*. Was da *in Atemnot herausgepreßt* wurde, *in dünner Luft, mit dünner Haut*, das ist *ein Wunderwerk an Verletzlichkeit, Verwundbarkeit, fernab aller Weinerlichkeit* natürlich. Sind dies womöglich *Fingerübungen* zu einem *opus magnum*? Das hat nichts *mit neuer Innerlichkeit zu tun*, dieser Autor *paßt in keine Schublade*.

Schmerzhaft sind ein paar *Schlampereien des Verlags*, die *das Parlando dieser Prosa* an manchen Stellen stören – *gibt es denn keine Lektoren mehr in Deutschland*! Wirklich ... *wir müssen darauf gefaßt sein, daß dieser Poet als nächstes Gedichte vorlegt*. (Hoffentlich halten wir das aus!)

Diese 190 Seiten sind *nicht am Schreibtisch entstanden*, sondern *am Rande der Existenz, Aug' in Aug' mit dem Scheitern*. Dies hat *ein Gefährdeter*, pardon: *ein zutiefst Gefährdeter der Wirklichkeit abgetrotzt*, der *bundesrepublikanischen*. In diesem *unbestechlichen Protokoll macht der*

Autor erbarmungslos unsere Gefährdung bewußt, schmerzhaft bewußt.

Trotz allem das Buch eines *hintergründig Heiteren, da gibt es durchaus zu lachen, nur* (wie sich's gehört für gehobene Heiterkeit): *das Lachen bleibt uns im Hals stecken.* Selbst *ein Betroffener, weckt der Autor unsere Betroffenheit,* indem er die *Verletzlich-* (nein, das hatten wir schon) die *Zerbrechlichkeit* unser aller In- und Um- und Außenwelt transparent, nein: *erschreckend sichtbar macht,* und zwar *ganz konkret.* Mit dieser *Prosa aus dem Hinterhalt* macht er allerlei *dingfest,* vor allem unsere *Verstörung, dafür ist ihm zu danken.*

Dieses Buch ist ein Glücksfall. Es macht neugierig. Wir können nur hoffen, daß der Autor *das Versprechen,* das er mit diesem *Wurf* gegeben hat, das nächstemal einlösen kann, *einzulösen vermag. Schonungslos* und *mit seismografischer Genauigkeit* gibt er Auskunft über die *Deformiertheiten* und *Demoliertheiten, Verrohungen* und *Bedrohungen. Wer lesend Geduld aufbringt* mit diesem *irritierenden* Text, der *fernab allen pseudopoetischen Dunkels* selbst *die abgenutztesten Wörter wie neu* erscheinen läßt – wer als Leser das *heilsam quälende Wagnis nachvollzieht,* dem *Leidensdruck des Autors* zu folgen, der wird die Menschen *zu Röntgenbildern skelettiert* erkennen, in *qualvoller Unentrinnbarkeit fixiert.*

Das ist *mehr als Literatur,* das ist *ein Stück Leben,* das *wir da begreifen dürfen.* Das ist *wirksamer als alles laute, vordergründige Engagement.* Dies sind *Nachprüfungen, Spurensicherungen* unserer *Befindlichkeit,* unserer *Beschädigungen. Letztlich, letztendlich* ein *stilles Buch,* wenn es auch gelegentlich *vor grellen Dissonanzen nicht zurückschreckt.* Da weist *kein Zeigefinger, nichts Belehrendes,* da gibt es *keine modische Selbstspiegelung,* dies ist ein ganz und gar *ungefälliger Stil,* wie er *heutzutage, hierzulande eine Seltenheit* ist. Nochmals: *dem Autor ist zu danken*!

Dieser Autor hat *seinen Kafka* gelesen, *seinen Joyce, seinen Proust, seinen Brecht, seinen Benn.* – Übrigens: noch immer *gilt es, die andere Seite an ihm zu entdecken: das Komödiantische,* für das *wir Deutsche* noch nie viel übrig hatten, hier ist es zu finden! Hier wäre *genügend Stoff für so manche Dissertation*!

Ja, *er macht es sich nicht leicht, er macht es uns nicht leicht,* er schreibt *mit spitzer Feder,* damit *spießt er auf,* was ihm (und uns natürlich) *Unbehagen* bereitet. Ein Autor wie er hätte *vielleicht in Frankreich Erfolg, in Deutschland* steht er *immer im Abseits* (wer ist's?). Immer noch *lehnt er sich auf, notorisch* und *radikal, eckt er an, macht er sich unbeliebt* (kurz, er ist all das und tut all das, um es Festrednern und Nachrufern, Deutschlehrern und Kultusministern, Klappentextern und Rezensenten so leicht und bequem wie möglich zu machen, denn so wünscht man sich die höhere Literatur:) ganz und gar *ungefällig, aufsässig, dornig* und vor allem *unbequem.* – *In summa*: das Buch eines Außenseiters *ist hier anzumelden.* Ob es das Buch des Jahrhunderts werden wird, *bleibt abzuwarten,* das *Buch dieses Jahrzehnts* ist es *allemal.*

Dies also ist es, das Beste aus dem deutschen Feuilleton. Ein Konzentrat, von dem ich nun vorsichtshalber nicht behaupten will, daß da etwas *erschreckend sichtbar* wird, aber übel kann es einem schon werden von dem, was da von den Päpsten und Kardinälen bis hinunter zu den Literaturpriesterchen so alles behauptet wird. Was Rang und Namen hat in der Literaturkritik, ist hier vertreten, Quellenangaben verkneife ich mir, weniger aus Takt, sondern um es mir nicht mit allen zu verderben; schließlich bin ich auch in dem Gewerbe tätig. Interessanterweise sind viele Poeten in meiner Klischeesünderkartei enthalten, die als Kollegen-Rezensenten in dieselbe Wahnsinnssprache verfallen.

»Was haben wir '68 auf die bürgerliche Künstlerideologie eingedroschen, und jetzt das«, sagte ich mit schwerer Whisky-Zunge zu meiner Begleiterin, die lieber liebt als liest, und für die das alles kein so schreckliches Problem ist.

Wir eilten in unser schönes Hotelzimmer, und weil ich nicht nur literarische Klischees verabscheue, sondern auch erotische, vor allem das des *danach* ermattet einschlummernden Mannes, ging ich *danach*, als meine schöne Heidin schlief, in die Hotelhalle, wälzte noch einmal alte und neue Feuilletons, lieh mir vom Nachtportier einen Taschenrechner und stellte folgendes fest:

Der absolute Renner bei den Kritikern ist immer noch die *Betroffenheit*. Sie ist damit seit 1980 Lieblingsvokabel. Ein Buch, das keine *Betroffenheit* erweckt, hat keine Chancen. 57% aller positiven Kritiken konstatieren wohlwollend *Betroffenheit*, gefolgt von *Verstörung* (48%), *Bedrohung* (42%), *Verletzung/Verletzlich-* und *Verletzbarkeit* (zusammen 35%). Die von einigen Schlauköpfen eingeführten Synonyme wie »Versehrtheit«, »Amputiertheit« u. a. konnten sich nicht durchsetzen. Im Umfeld der Katastrophenstimmung, der Weltuntergangsbücher und der politischen Gruselsituation war das Adjektiv *gespenstisch* über Nacht zur beliebtesten Begleitvokabel geworden; ein nicht uninteressanter Vorgang, weil hiermit der rationale Schwachsinn den Stempel des Unfaßlichen bekommen hatte.

Daß all die finsteren Untergangsvokabeln aus unserer grauen Behindertenwelt einigen allergischen Redakteuren allmählich auf die Nerven gehen würden, war abzusehen. Die flotten Trendmeister haben die große Trauerarbeit langsam satt und ziehen gegen die »Misanthropie« und die »herrschende Grämlichkeit« zu Felde. Beruhigend ist, daß man auch weiterhin ohne die Nachsilbe *-keit* nicht auszukommen scheint. So ist nun mal unsere *Befindlichkeit*. Ob die Wende zur neuen deutschen Heiter*keit* sich schließlich durchsetzen wird – wie hieß es doch – *bleibt abzuwarten*. Statistisch liegen die neuen Vokabeln jedenfalls sämtlich unter der 5%-Hürde.

Spitzenreiter in der negativen Kritik, dem sogenannten Verriß, ist seit zwei Jahren die *Nabelschau*. 63% aller Verrisse benutzen diese Vokabel als Argument gegen ein Buch, das ihnen aus irgendeinem Grund mißfällt. Bis 1981 lag die *Blauäugigkeit* an der Spitze des Verwerflichen, die jetzt mit 44% auf Platz zwei zurückgefallen ist, gefolgt von dem Vorwurf, eine *heile Welt* zu entfalten (38%).

Daß die Feuilletonredaktionen all dieses besorgte Pathos schon nicht mehr blau-, sondern glasäugig dulden und fördern, spricht wohl weniger für die Pressefreiheit als dafür, daß die Angst vor dem Weltuntergang den Leuten alles Stilgefühl aus dem Kopf geblasen hat. Der hohle, salbungsvolle Jammerton verkauft sich immer noch, trotz rechts- und linksoptimistischer Tendenzen, ausgezeichnet: selbst aus intelligenten Rezensionen werden die allerdümmsten, allerleersten, allerklischeehaftesten und alleraustauschbarsten Wendungen ausgesucht und zwei Jahre nach der hymnischen Begrüßung der Neuerscheinung als fettes Zitat auf den Rücken der Taschenbuchausgabe gedruckt, unwiderleglich wie ein Goethewort:

Was hier jenseits aller poetischen Klugheit zum Vorschein kommt, übertrifft in mancherlei Hinsicht alles, was wir vorher kannten …

WARUM ICH MICH NICHT SELBST FINDEN WILL

»Ich fühl' es«, rief sie extatisch, und ich Narr dachte gleich an das Götterbild in Mozarts Zauberflöte. Es war aber nur ihr eigenes Ich, das sie plötzlich gespürt und das sie so in Wallung gebracht hatte.

Eine neue Heilslehre geistert durch das Jahrzehnt: die Suche nach sich selbst. Nur wer sein Ich gefunden hat, gilt als befreiter Mensch. Mit Hilfe eines Psychotherapeuten, der tunlichst einige Jahre in Indien gewesen sein oder auf den Philippinen Mythenarbeit verrichtet haben sollte, unter der Leitung von Selbsterfahrungstrainern oder von noch Schickerem wie *Rebalancern* oder *Rebirthern*, aber auch auf eigene Faust hofft man endlich an sein eigenes Ich heranzukommen, zu seinem Selbst vorzustoßen, sich selbst anzunehmen, sein Ego zu fühlen, seine wahre Identität. Am billigsten geht es mit seitenlangen Tagebuchaufzeichnungen.

Kaum ein Interview mit einem Spitzensportler, Sänger, Schauspieler oder einem anderen Leitbild, das nicht in besinnlichen Momenten auf diese Frage eingeht; jede Prominenten-Autobiographie kommt darauf zu sprechen. Besessene Himalaja-Bergsteiger, Weltumsegler, Autorennfahrer benutzen die Selbstsuche stets als Argument für ihre Exzesse: Ja, in der Einsamkeit der Achttausender oder der Weltmeere oder eben bei Tempo 300, da fühle man noch, wer man eigentlich sei, da berühre man sein eigenes Ich. Manche Wohlstandsmüden brauchen noch härteren Stoff und finden allen Ernstes erst an Kriegsschauplätzen so richtig zu sich, wenn ihnen in den Stahlgewittern des Nahen

Ostens echte Granaten um die Ohren fliegen. Ernst Jünger hat es schon immer gewußt, was es heißt, intensiv zu leben.

Auch Kunstprodukte werden nicht verschont: Kurztexte zu Büchern oder Fernsehverfilmungen beschreiben die großen Gestalten der Literatur ungeniert in diesem Sinn: Ob Faust oder Madame Bovary, Ödipus oder Raskolnikow – Selbstsuche paßt immer, von Sophokles bis Handke.

»Ich bin ganz nah bei mir«, flüstert in zärtlichem Narzißmus die Schauspielerin, die endlich Regie macht. Diese ewigen Charakterrollen hatten ihr dazu nie Gelegenheit gegeben, da sei sie immer ganz fern von sich gewesen. – Er habe jetzt endlich gelernt, sein Ego anzunehmen, das sei ein irrsinnig intensives Gefühl, keucht der Slalomsieger ins Mikrophon: »Jetzt lebe ich mich!«

Wir wollen uns aber nicht wie Oberlehrer über die Syntax im neuen Psychojargon erregen. Das ist nicht unser Stil. Vielmehr gilt es zu entscheiden, ob das sprachliche Gefasel Ausdruck einer verirrten geistigen Haltung ist, oder ob wir die Selbstsucherei womöglich als ernsthaften Wahrheitstrieb errötend akzeptieren müssen. Daß der brave Mann an sich selbst zuletzt zu denken habe, ist eine Forderung, die uns auch nicht weiter gebracht hat.

Kleiner zeitgeschichtlicher Exkurs gefällig?

Die Selbstsuche hat die Selbstverwirklichung als Mode abgelöst. Der sich selbst Suchende ist egoistisch, der frustrierte Intellektuelle der 60er Jahre hatte noch einen politischen Anspruch: er verwirklichte sich weniger selbstbeschaulich als Sozialarbeiter oder Möbelschreiner, was wiederum nicht mit dem Aussteiger von heute zu verwechseln ist, den allein die Furcht vor Gift und Rüstung nach Australien oder Niederbayern treibt. Ach, die Zeit rast, die Phänomene schillern, die Gründe ändern sich, wer kann noch folgen.

Noch weniger hat die neue Selbstsuche mit der alten Forderung nach Selbsterkenntnis zu tun. Die kennen wir zur Genüge, mitsamt ihrem angeblichen »ersten Weg zur Besserung«, von den Ermahnungen knochiger Humanisten, die auch im Alter immer etwas Pfadfinderhaftes an sich haben. Aber ernsthafte Einwände gegen jenen Drang nach Erhellung lassen sich kaum vorbringen. Vor allem setzt die Selbsterkenntnis eine gewisse Denkarbeit voraus, und eben die fehlt den Selbstsuchern gründlich. Dächten sie nach, würde ihnen vielleicht klar werden, daß ihr ersehntes Ich kein festes Ziel ist, das man in stundenlanger Meditation lust- oder auch schmerzvoll erfühlen kann. Sie stellen erklärtermaßen keine Fragen, sie urteilen nicht, statt dessen atmen sie ganz tief und horchen nach innen und haben in ihrer Selbstverliebtheit nicht begriffen, daß so ein Ding wie ein Ich überhaupt erst entsteht durch die Fragen, die man sich stellt, und die Urteile, die man fällt, und daß sie vielleicht schon ganz hohl sind vom Aushorchen ihrer selbst.

Mutig behaupten wir daher, daß sogar das Betrachten der ausgewogensten Fernsehsendung persönlichkeitsbildender ist als selbstvernarrte Innenschau; und die in einem heiteren Beruferaten-Quiz aufgeworfene Dauerfrage »Was bin ich?« ist trotz ihrer schauerlichen Wohnküchenhaftigkeit solides Gold und geradezu von höchstem Witz gegen die gleichlautende Frage, wie sie der Selbstsucher sich täglich stellt.

Ob man sich selbst in Wochenendintensivkursen sucht, in jahrelanger Gruppen- oder Einzeltherapie, bei Gurus oder auf pausenlosen Weltreisen – die Suche nach dem Ich kostet Zeit und Geld. Diesen Punkt wollen wir hier nicht weiter erörtern. Gegen Verschwendung ist nichts einzuwenden. Wohl aber gegen jenes manische Interesse an sich selbst, das jede Unterhaltung mit Selbstsuchern zur Qual macht. Sie sind für ihre Umwelt eine Strapaze, und das nicht nur, wenn sie gerade ihre »Aggressionen leben«. Sie hören nicht zu, reden von nichts als von ihrem Gefühl hier und heute, was gestern war, wollen sie schon nicht mehr wissen. Sie massieren ständig verliebt ihren Körper, den sie als Teil ihres Ichs entdeckt haben und der ihnen »unheimlich wichtig« ist; denn nichts verachten sie mehr, als wenn einer »vom Kopf her kommt« – das heißt, sie verachten auch hier nicht, sind »ganz offen« und lächeln tolerant und ungebrochen, im Einklang mit dem Kosmos, der doch so ungebrochen gar nicht ist. – Hat ein Ichsucher literarische Ambitionen, kommt eben jene Betroffenheitspoesie dabei heraus, über die sich mittlerweile schon die Verfasser von Betroffenheitspoesie mokieren.

Als Partner sind die Selbstsucher und Selbstfinder vollends unerträglich. Und arm ist dran, wer sich in einen Selbstfinder oder eine Selbstfinderin verliebt. Die lutschen nämlich immer nur verklärt an ihrer Sehnsucht, und ohne Hilfe eines Kommunikationstrainers gelingt es ihnen nicht, auf einen zuzugehen. Daß man auch andere Sachen suchen und finden kann außer sich selbst, andere Menschen zum Beispiel, oder daß man Dinge gut oder schlecht finden kann, bleibt den Ich-Suchern verborgen. Schimpft man auf ein besonders scheußliches Exemplar von einem Politiker, schütteln sie chinesisch den Euro-Kopf und behaupten, man hätte Probleme. So weise sind sie schon.

Die ganz Schlauen verbinden den fernöstlich angehauchten Weg nach innen mit dem Weg nach oben. Wie sich das lohnt, kann der Selbstfindungs-Ratgeberliteratur für Manager entnommen werden. Eindrucksvoller allerdings sind Klausurseminare für Führungskräfte in renovierten Landschlössern. Dort wird die abendländische Philosophie und Psychologie mit Zen-Buddhismus verrührt und auf die interessante Kurzformel gebracht, daß alle Idee zur Wirklichkeit strebe und daß man schon könne, wenn man nur wolle. Da begreift man spielend-meditativ, daß man seine

Untergebenen oder seine Wähler nur überzeugen kann, wenn man sich selbst gefunden hat und daß man sein Ich nur ganz oben an der Führungsspitze richtig fühlt; nur dort ist man nahe bei sich selbst.

WARUM ICH NICHT MEHR WEISS WAS ICH ESSEN SOLL

Man nehme eine Tasse ungeschälten Naturreis mit dem darmfreundlichen Silberhäutchen, Keim und dem hohen Vitamin-B-Gehalt und verrühre die Körner mit zwei Eßlöffeln kaltgepreßtem Leinen-Distel-Öl, wobei darauf zu achten ist, daß es ungesättigte Fettsäuren enthält, damit der Blutfettspiegel nicht unnötig angehoben wird. Mit natriumarmem Seesalz abschmecken und etwas stoffwechselaktive Bierhefe hinzugeben, die wegen ihrer sechzehn Aminosäuren schon in den Hochkulturen des Altertums geschätzt wurde ... Als Getränk empfiehlt sich hierzu ein guter Brennnesselsamentee mit einigen ungeschwefelten Rosinen und bei Bedarf einem Schuß kaliumreicher Molke.

Aber das Essen stand unter keinem guten Stern. Erst war kein Seesalz zur Hand, und dann wurde und wurde der Reis nicht weich. Nach fast zwei Stunden Kochzeit blubberte in meinem Topf ein schleimiger Brei, der nach nichts schmeckte.

Schon höre ich wohlgefälliges Gelächter aus den Reihen der Zuhörer. Endlich mal einer, so mögen sie denken, der hier mit nötigem Spott gegen die Gesundheitsapostel zu Felde zieht, die ihre Ernährung als Schicksal begreifen, täglich ihr Müsli schlabbern und an Mohrrüben nagen. Endlich mal einer, der nicht die Öko-Platte auflegt, der nicht alles so schwarz sieht, der noch an die Vitamine im Treibhaussalat glaubt, der auch mal Weißbrot ißt und ab und zu einen saftigen Schweinebraten.

Aber ich warne Sie, meine Damen und Herren, meine Laune ist miserabel, und wenn ich was hasse, dann ist es

Beifall von der falschen Seite. Ich habe keine Lust, meine kostbaren Argumente jenen Leuten zu liefern, die einfach nicht wahrhaben wollen, daß der Salat nach Mottenpulver schmeckt, die Kartoffeln nach Heizöl und der Braten nach Kaltrührpudding, und die noch an das Gute im staatlich geprüften Lebensmittelchemiker glauben.

Vor ein paar Jahren noch war alles so einfach. Die Ernährung war immer nur ein Problem der schlanken Linie. Nun hat es den Anschein, daß die Kalorientabellen, die im Wirtschaftswunderleben eine so große Rolle gespielt hatten, ganz aus der Mode gekommen sind. Man unterscheidet die Menschen nicht mehr in dick oder dünn und auch nicht mehr nach rechts oder links, sondern nur noch danach, ob sie Reis mit oder ohne Schale essen, Weiß- oder Sechskornbrot, Sojafladen oder Steak, Hirsebrätling oder Ochsenbrust.

Supermarkt oder Reformhaus, das ist die große Frage der Wohlstandswelt.

Das Thema Ernährung ist ebenso heikel wie abgedroschen, eine üble Mischung. Aber deshalb können wir es nicht ständig umgehen. Fest steht offenbar nur, daß *nichts* mehr gesund ist. Das ist jedenfalls die Quintessenz von den zweihundert Büchern, die jährlich darüber geschrieben werden. Daher vertilgen die einen trotzig den vierzehnmal gespritzten Apfel aus Neuseeland mit der künstlich gewachsten Schale, hoffen, daß er doch nicht so giftig ist und beruhigen sich mit dem Gedanken, daß auf das sündhaft teure Bio-Obst auch saurer Regen fällt. Die Öko-Leute hingegen zeigen frohlockend den scheinbar gesund sich windenden Wurm in ihrem Obst und weisen darauf hin, daß man sich den Giften zu einem guten Teil entziehen könne.

Auf die Argumente der Sachverständigen wollen wir uns an dieser Stelle natürlich nicht einlassen. Ich möchte mich aber vor dem tristen Thema auch nicht in Witze flüchten und Schokolade und andere Süßigkeiten zum Hauptnahrungsmittel ausrufen, obwohl mir das fast plausibel erschiene. Denn Kunstspeiseeis und Gummibärchen mit naturidentischen Aromastoffen riechen heute besser als Apfelsinen oder Blumenkohl. *Naturidentische Aromastoffe* – mit diesem Wort hat die Chemiekonzernmafia wieder jeden Satiriker übertroffen!

Lassen wir den Körper, den hinfälligen, einstweilen fahren und nähern wir uns dem Problem von der einzigen Seite, von der wir etwas verstehen, von der gedanklichen. Denn das Ernährungsproblem ist ja auch eine Frage des Stils und der geistigen Haltung. Wieviel Ignoranz ist als Selbstschutz erlaubt? lautet die äußerst philosophische Frage. In welchem Maße kann ich es meinem Kopf zumuten, daß der Körper erhebliche Portionen von Gift zu vertilgen hat? Muß ich nicht lebensmüde oder verrückt dabei werden, wenn ich Pflanzenschutzsauereien und Schwermetalle als Zwangsbeilage serviert bekomme, egal ob bei den EG-Gurken die Politik von der Industrie diktiert wird oder ob bei den Mastgänsen aus Polen die Politik der Industrie befiehlt. Verantwortungslos sind sie alle. Um diese Zumutungen zu ertragen, muß ich mit einer Art künstlichen Blindheit meine Lebensmittel aus den Regalen des Supermarkts ziehen und darf beim Waschpulver nicht ans Grundwasser denken, sondern nur an meine Wäsche.

Die Alternative ist eine nicht minder unerträgliche Zumutung. Ich betrete ein Reformhaus oder auch einen kargen Bio-Laden, wo eine ganz seltsame Überlebensstimmung herrscht, die meine Nerven im höchsten Maße irritiert. Im klassischen Reformhaus ist die Stimmung handfest und geschäftig: wir werden es schon schaffen. Im Bio-Laden geht es eher melancholisch-entspannt zu. In jedem Fall will man nicht leben, sondern *über*leben. Dazu ist man entschlossen. Und daher packt man sich mit mildem Fanatismus den Einkaufskorb voll. Man hat eine gewisse Ähnlichkeit mit dem Dörrobst, das man zur Förderung seiner Verdauung täglich verzehrt; aber das ist kein Argument: beim Metzger verkehren ja auch Leute, die wie Kalbsköpfe aussehen.

Es ist wirklich schrecklich vernünftig, biologisch-dynamisch und reformhäuslerisch einzukaufen, wie es auch schrecklich teuer ist. Gesundheit gibt es heute nicht umsonst. Aber ich will nicht sozialkritisch werden; nicht an dieser Stelle. Die Leute haben so recht, daß es mir im Magen kneift. Sie haben es ja schon immer gewußt, schon 1950 wußten sie, daß im Fleisch der Teufel sitzt und im rotbackigen Apfel das Gift. Nun haben sie recht bekommen. Mir kommt es plötzlich so vor, als strahlten die Vertilger von gesunder Kost fast etwas Triumphierendes aus. Aber auch etwas Unerotisches. Ich weiß gar nicht, wie die sich fortpflanzen. Vielleicht wie Erdbeeren mit Ablegern. Sie haben die ganze geballte Vernunft hinter sich; das paßt mir nicht. Unvernunft muß sein. Ich weiß auch gar nicht, was die eigentlich überleben wollen. Das Überleben ist so eine verräterische Begleitvokabel der Untergangsstimmung geworden.

Ich hänge auch am Leben, aber so gar nicht ans Scheiden zu denken, so ganz und gar hundert werden zu wollen, um dann mit Originalzähnen noch immer Sesamkerne zu zermalmen – das kommt mir in einem Anflug von Zynismus doch unsinnig vor. Ein stolzer Greis würde ich ja schon werden wollen, aber lieber bissig mit falschen Zähnen und schwachem Magen als wie ein Lamm zu altern, das in stillvergnügter Bescheidenheit seinen Löwenzahnsalat wiederkäut und den großen Betrug des Daseins nicht wahrnimmt in seinem Ökopferch.

WARUM ICH NICHT MEHR AUF DEN FLOHMARKT GEHE

Was gibt es nun schon wieder zu meckern! Was um alles in der Welt ist gegen den fröhlich-schwungvollen Handel mit altem Plunder einzuwenden? Ist es nicht angenehm und rührend, bei Sonnenwetter an den Buden mit Krimskrams von gestern vorbeizuschlendern, die Utensilien unserer Großmütter und Vorväter zu begutachten und hin und wieder einen Fund zu tun, ein wackeliges Bilderrähmchen, das sich angeblich mühelos kleben läßt, ein hübscher Silberlöffel hier, ein wohlgeformtes Kännchen dort – man kann sich doch nicht nur mit modernen Sachen umgeben.

Ist es nicht besser und geradezu würdiger, ein paar ausgewählten Dingen eine neue Heimstadt zu geben, als wenn das Zeug von entnervten Erben lieb- und gnadenlos in ein Müllauto geworfen wird, das womöglich die euphemistische Modellbezeichnung »variopress« trägt.

»Es war immer so, daß die Bücher von ihm dünner zurückkamen, als ich sie ihm gegeben hatte. Wie ich, zu spät, erfuhr, hat er eine scheußliche Angewohnheit: wenn er ein geliehenes Buch liest, dann reißt er aus dem gelesenen Teil immer wieder ein Blatt heraus und dreht sich damit eine Zigarette oder ein Röhrchen, mit dem er sich die Nägel oder Ohren putzt.« Dieses famose Zitat stammt aus Gontscharows Roman »Der Abgrund«, den ich einmal für 50 Pfennige bei einem Trödler gekauft hatte, nebst einer Turgenjew-Novelle übrigens, die den unvergleichlichen Satz enthält: *»Er schnitt ein Gesicht, als wäre es ihm einerlei – wo ihm doch tatsächlich alles einerlei war.«*

Solche Sätze sehen auf altem brüchigem Papier noch überzeugender aus. *»Der Teufel hole den wahren Zusammenhang der Dinge, der geht einen nichts mehr an«*, steht in Hamsuns »Mysterien«, auch ein Spruch, dessen Entdekkung ich einem Trödler beziehungsweise der Bibliothek eines verstorbenen Amtsrats verdanke und den ich in einer glatten Taschenbuchausgabe womöglich überlesen hätte.

Trotz dieser Bereicherungen halte ich stur und undankbar an meinem Trödelverdikt fest. Natürlich werde ich mich wie immer hüten, plebejische Argumente gegen die Trödelei vorzubringen. Daß man für muffige Kleider, angeschlagenes Geschirr und miese Bücher Wucherpreise zahlen muß, daß die verbeultesten Schuhcremedosen schon 20 Mark kosten, daß ein von einer Scheune geklautes Zigarrenreklameschild aus Email mit originaler Absplitterung so teuer ist wie ein Flug von München nach London und zurück, das erschüttert komischerweise immer nur die Leute, denen die freie Marktwirtschaft heilig ist. Man muß ja nicht.

Wenn für die Ansichtskarte eines Parks mit Brücke von 1912 sieben Mark verlangt werden, so zahle ich das ohne zu murren. Denn die stecknadelkopfgroße Figur am Geländer blickt mit einer so unnachahmlich schwermütigen Gelassenheit aufs Wasser, daß ich auch das Dreifache bezahlen würde. Stockflecken und willkürliche Preistreiberei sprechen nicht gegen Krempel und Klamotten von dazumal. Verdächtiger ist schon die Tatsache, daß der topfite Floh- und Trödelmarktbesucher nicht nur nach Omas Sachen Ausschau hält, sondern zunehmend seinen eigenen Abfall sucht. Was er beim Aufräumen oder beim Umzug vor zwölf Jahren in einem spontanen Befreiungsdrang dem Sperrmüll preisgab, hier leuchtet es ihm nun als Kostbarkeit entgegen. Das achtlos weggeworfene Briefmarkenalbum, der zerfledderte Schulatlas, die Schallplatte vom Heimweh des träumenden Seemanns, ja selbst die Margarine-Sammelbilder der eigenen Kindheit werden mit einem Mal zum Objekt der nostalgischen Begierde.

So entdeckt das Bausparerpärchen voller Rührung das kleinbürgerliche Küchenbüffet, das gleich nach der Hochzeit 1970 für dreißig Mark bei einem Nachlaß-Gebrauchtwarenhändler erstanden und später wieder auf den Müll geworfen wurde. Nun wird den Vorbesitzern ganz weh ums Herz beim Anblick des vertrauten Stücks, dessen Preis gerade von sechs- auf fünfhundert Mark heruntergehandelt wird, weil die Tür des Brotfachs fehlt. Eigentlich viel persönlicher, finden sie, als unsere neorustikale Einbaufront, die vor fünf Jahren die Resopalküchenschränke abgelöst hatte. Noch ahnen sie nicht, daß auch diese schräg nach oben geneigten scheußlichen Wandschiebeschränke, deren Anblick sie verständlicherweise nicht mehr ertragen konnten, in weiteren fünf Jahren als apartes Relikt der 60er Jahre auf den Trödelmärkten gehandelt werden.

Nun ist es Zeit für einen kleinen kunsthistorischen Exkurs, wozu habe ich 20 Semester studiert: Bis die Renaissance die antiken Formen wiederentdeckte, vergingen anderthalb Jahrtausende, und es dauerte immerhin einige hundert Jahre, bis die gräßlich frömmelnde Neugotik Spaß an der gräßlich frommen Gotik fand. Die in den flotten Anfängen dieses Jahrhunderts verpönten Biedermeier- und Gründerzeitsachen feierten schon nach hundert Jahren in der beginnenden Katerstimmung nach dem Wiederaufbau als sogenannte Omamöbel ihr Comeback. Heute sind Jugendstil und Art Deco schon nicht mehr so gefragt wie gestern, ja selbst die 40er Jahre sind schon fast gelaufen, die 50er Jahre auf dem Höhepunkt der Begehrlichkeit und die 60er im Kommen.

Schuld an dieser rasenden Entwicklung haben natürlich nicht die Trödler, sondern die Designer. Um ihren völlig überflüssigen Berufsstand zu legitimieren, erfinden sie ständig die unsinnigsten und traditionslosesten Formen, dümmliche Stühle, eckige Löffel, die nach wenigen Jahren so hoffnungslos albern und altmodisch aussehen, daß sie durch Neuigkeiten ersetzt werden müssen – und eben durch Antiquitäten.

Gestern war es der Profi-Look, der den Stereoturm so begehrenswert machte, heute ist es, glaube ich, der Compact-Look; mag sein, daß als nächstes das verspieltere Fantasy-Design mit den Science-Fiction-Elementen auf uns zukommen wird. Im Augenblick steht der Profi-Look noch auf den Speichern und wäre günstig zu haben, übermorgen wird er schon von listigen Kindern auf dem Nostalgiemarkt verschachert werden, für den der Bürgermeister dankenswerterweise die Stadthalle zur Verfügung stellte, weil er in den Flohmarktgeschäften eine soziale Komponente sieht und eine Aktion gegen die Wegwerfgesellschaft.

Über solche Schnellebigkeit zu klagen ist natürlich ein weltferner Einwand, denn die rasend sich ändernde Mode sorgt ja für Arbeitsplätze in der Möbel- und Innenraumausstattungsindustrie. Weil heute nicht mehr die Handwerker die Formen bestimmen, sondern bärtige Designer mit Hosenträgern, ist kein Stil länger erträglich als ein paar Jahre. Daher haben die Lampenschirm- und Lampenfußhersteller, die Polstermöbel- und Badezimmerkachelfabrikanten dauernd Konjunktur.

Verwirrt von den vielen neuen Formen sucht der Kunde auf dem Flohmarkt Trost. Hier findet er Halt bei der Erinnerung an die eigene Vergangenheit. Hier kauft er die verlorene Tradition zurück. Unachtsamkeit und Unvermögen, rechtzeitig den Reiz der Dinge zu erkennen, machen ihn nun zum Wühler in fremden Kramkisten und Wäschekörben, wo die kitschige Erinnerungstasse von einst ebenso ihren Absatz findet wie das grauenvolle Nyltesthemd von 1962 oder defekte alte Schreibmaschinen. Der Gipfel der

Traditionserschleichung ist zweifellos der Kauf eines fremden alten Familienfotoalbums, das man sich dann zusammen mit einer funktionsuntüchtigen Kamera ins funktional-spartanische Finnlandregal zur Zierde stellt. Auch ein Volksempfänger macht sich übrigens nicht schlecht. Und in die blitzeblanke Küche aus Schweden oder Mailand hängt man am besten die bewährten angebeulten Kupfertigel. So erreicht man den begehrten Hauch von Nostalgie und Wärme. Ob das Gerümpel alt oder nachgemacht ist, spielt keine Rolle mehr – unecht wirkt es so und so.

Der alte Krempel ist nicht mehr das, was er einmal war. Die Trödelmärkte sind weniger ein Ort der Weiterverwertung, wo man jenseits aller Moden einen stabilen Schraubenzieher, einen intakten Teekessel und einen tollen russischen Roman der Vergänglichkeit entreißen kann, sondern ein Umschlagplatz der Flüchtigkeit, ein Ort der Untreue zu den Dingen, wo unappetitliche Liebhaber von Militaria in Kisten mit alten Orden schnüffeln und wo sich die Seidenblusenschickeria so penetrant über Altbauwohnungen unterhält, daß einem die Neubauten schon fast wieder lieb werden.

Und schon fällt mein Auge auf ein Mädchen, das an einem An- und Verkauf-Stand mit dem brusthaarigen Händler diskutiert. Sie möchte das Tagebuch ihrer Großmutter gegen eine alte dunkelblaue Jacke eintauschen, die von der Hochzeit ihres älteren Bruders stammen könnte. Sie findet, daß die Jacke, die so fürchterlich an ihr herumschlottert, ihr so ungemein gut steht. Sechzig Mark. Wenn es ein Poesiealbum wäre, sagt der Händler, mit Bildchen darin – das Tagebuch sei doch nichts wert. Er läßt sie zappeln. Nachdem sie sich zehn Minuten vor einem Nierenspiegel von 1957 gedreht hat sagt er: also okay – und wirft das Tagebuch in einen Wäschekorb mit nachgemachten alten Messingbeschlägen. Okay, sagt das Mädchen und geht mit ihrer Beute ab.

Da muß ich eingreifen. Wieviel? frage ich und deute auf das Tagebuch. Achtzig, sagt er, der smarte Nachlaßgeier. Ich sage ihm, daß er verrückt sei. Dreißig und Schluß. Fünfzig sagt er, er müsse ja auch von was leben. – Da vorne geht sie mit ihrer Schlotterjacke, ich muß mich beeilen. Gut, fünfzig.

Ich werde sie anquatschen und ihr sagen, daß man so nicht mit dem Tagebuch seiner Großmutter umgeht. – Ich kann die Schrift nicht lesen, wird sie maulen. Kommen Sie, werde ich selbstsüchtig sagen, dann lese ich es Ihnen eben vor. Ach, ich höre sie schon: such dir ne Blöde, alter Knochen! Und dann, mit einem prüfenden Blick auf den Kragen meines guten alten, einst viel zu großen, jetzt endlich passenden Konfirmationshemdes: aber, dein Hemd ist sauscharf, wo hast du das her?

WARUM ICH TROTZDEM NICHT AN HOROSKOPE GLAUBE

Sie sah wirklich gut aus, hinreißend, ich übertreibe nicht, es gibt Zeugen. Und es lag nicht nur an ihrem pechschwarzen Overall mit den vielen Reißverschlüssen. Natürlich war sie umringt von einer Schar nichtswürdiger Männer, aber es gelang mir doch, wie weiß ich nicht mehr, an sie heranzukommen. Sehr bald fragte sie mich nach meinem Sternbild. Augenblicklich verlor sie an Größe.

Die Fragen nach dem Sternbild, genauer nach dem Tierkreiszeichen, haben mich schon immer gemartert. Diese boulevardhafte Art, sich plänkelnd nach den Charakterzügen zu erkundigen, dieses schmierige Sich-näher-Kommen beim Reden über die Häuslichkeit des Krebses oder die Sturheit des Widders hat den Geschmack von Heiratsanzeigen und wirkt auf mich in unanständigem Maße einfallslos.

Als Rationalist alter Schule entzog ich mich den zudringlichen Fragen bisher erfolgreich mit patzigen Antworten, wie etwa ich sei Wildschwein oder Laubfrosch, ich sei aus meinem Tierkreiszeichen ausgetreten, oder ich beantwortete nur Fragen nach meinen sexuellen Vorlieben.

Bei ihr kam ich damit nicht an. Sie lachte kein bißchen über meinen Witz, der mir prompt schal vorkam. Jetzt wollte sie auch noch meinen Aszendenten wissen; noch heute weiß ich nicht was und welcher das ist. Ich verriet ihr mein Geburtsdatum. Stunde und Minute erfand ich dazu; damit stieg ich in ihrer Achtung. Jetzt fischte sie aus der Oberschenkel-Außentasche ihres Overalls ein dickes zerlesenes Buch, ein Tabellenwerk, das sich »Ephemeride«

nannte und von der amerikanischen Weltraumbehörde NASA herausgegeben war. Hübscher Name, Ephemeride, sagte ich, aber NASA – ich weiß nicht.

Es ist das exakteste, sagte sie. Sie konnte mit meiner Bemerkung nichts anfangen. Sie interessierte sich nicht für mich, nur für meinen Aszendenten. Ich sei ein interessanter Fall, sagte sie. Sie werde zu Hause mein Horoskop machen. Damit war mir eine Verabredung sicher. In vierzehn Tagen würden wir uns treffen.

Da ich nicht gern unvorbereitet zu entscheidenden Verabredungen erscheine, wollte ich mich informieren. Ich fragte alle Leute, mit denen ich sprach oder telefonierte, was sie von der Astrologie hielten, und mußte zu meinem Entsetzen feststellen, daß sich die wenigsten vernichtend äußerten. Mit dem platten Vernunftdenken kommt man doch nicht mehr weiter, hieß es von allen Seiten.

Die Astrologie hat einen anderen Wert bekommen. Sie taucht als Gesprächsthema bei Einladungen nicht mehr erst nach Mitternacht auf, wenn der Stoff ausgegangen ist, sondern gleich nach dem Essen. Sie ist nicht mehr Thema für späte Mädchen, die sich kichernd darüber unterhalten, ob der neue Verehrer als Löwe auch zärtlich genug sei. Die Astrologie ist zum gewichtigen Thema für Unternehmer und Generale, Statiker und Lehrer, Pfarrer und Anwälte, Ärzte und Psychologen geworden.

Das einzige, was das Geschwätz über die Gestirnseinflüsse bislang erträglich machte, war seine Anspruchslosigkeit. Die ist nun einer bohrenden Ernsthaftigkeit gewichen. Man unterhält sich nicht mehr über Illustriertenhoroskope. Man will auch nichts mit jener Madame Teissier zu tun haben, die im Fernsehen mit dummen Prominenten dummes Zeug faselt und Drogistinnencharme ausstrahlt. Das ist alles unter Niveau.

Man ist eingeweiht. Man ist esoterisch. Man unterhält sich

todernst über die Qualität von Astrologen, die einem für 400 Mark plus Mehrwertsteuer ein Grundhoroskop ausstellen und für 300 Mark ein Jahreshoroskop. Man ist Prognosen gegenüber skeptisch. Das ist Ereignisastrologie. Das ist ein bißchen trivial. Man möchte lieber seine Psychostruktur vom Horoskop bestimmt haben. Man möchte wissen, wer man ist und wer man war. Denn mit seinem astrologischen Weltbild glaubt man auch an die Wiedergeburt. Und nur gute Astrologen können einem sagen, ob man im Vorleben Hase oder Kamel war oder gar eine Feldmaus.

Man liest nicht mehr jene kleinen Broschüren, in denen die Wesensmerkmale von Waage, Fisch und Jungfrau aufgelistet sind. Denn die Astrologie ist aus der Ratgeberecke herausgekrochen und hat sich zur höheren Lebensphilosophie für irritierte Akademiker entwickelt. Man liest dicke Bücher wie *Der Kosmos in uns* oder *Das aufsteigende Zeichen* oder *Die Wahrheit des I Ging*, Bücher über *Astrologie und Persönlichkeit, Astrologie und Partnerschaft* oder über das *Wassermannzeitalter*, in das sich der Globus am Ende dieses Jahrhunderts begibt.

Hunderttausende von Büchern dieser Art werden gekauft. Und bekanntlich ist die Ratgeber- und Lebenshilfe-Literatur die einzige, die mit Sicherheit auch gelesen wird.

Ein kurzer Blick in diese Bücher reicht aus, um ihre Autoren als raunende Afterphilosophen zu erkennen, als geschmacklose Abschreiber, als miserable Stilisten und Pseudopsychologen, die mit dunklen Zitaten von Ernst Jünger, C.G. Jung und Goethe aufwarten und nicht einmal wissen, warum ihre Bücher so gern gelesen werden. Sie kommen nämlich dem Narzißmus des Lesers entgegen. Der ist so gierig darauf, sich selbst in den Charakterbeschreibungen wiederzufinden, daß er sich mühelos darin erkennt. Ob in Büchern oder im individuell angefertigten Persönlichkeitshoroskop: das einzig Raffinierte an den Aussagen der

Astrologen ist, daß sie allgemein sind, aber speziell klingen. Es sind Meisterwerke sprachlicher Vieldeutigkeit.

Horoskope treffen immer. Es sind Hits. Und mit den Schlagerhits haben sie das Niveau gemeinsam und daß man sich angesprochen fühlt. Wenn es im Schlager heißt, »wie schön ist es, verliebt zu sein«, liegt in dieser Feststellung eine traumhafte und allgemeingültige Richtigkeit. Nichts daran ist falsch. Und wenn ich in meinem Horoskop lese, daß mir Streit und Spannungen zuwider sind, dann empfinde ich das als völlig zutreffend.

Aber auch das Gegenteil wäre richtig: klar, daß mir als denkendem Menschen Streit und Spannungen wichtig sind, wie käme man sonst voran. Und wenn ich dann auch noch lese, daß ich meine Überzeugungen mit großer Starrheit vertrete, dann muß ich mich verneigen vor den Astrologen. Bewußt oder unbewußt haben sie etwas begriffen vom Leben. Sie wissen, was man hören will und wie man Leute bescheißen kann.

Da nach der eigentümlichen Ansicht der Astrologen in jedem Menschen auf Erden unten sich die Gestirnskonstellation von da oben spiegle, läßt sich die psychologische Struktur des Kunden mühelos aus der Bahn der Sterne interpretieren. Sein Unglück rührt meist daher, daß er nicht seinen Neigungen entsprechend lebt. Wenn der verklemmte Juniorchef zum besten Astrologen am Platz geht, der als ausgebildeter Diplompsychologe nun wirklich superseriös ist, dann wird der schnell aus dem Horoskop lesen, daß der künftige Firmenchef eigentlich gar nicht schüchtern, sondern sehr kämpferisch sei; nur lebe er seine Aggressionen, die deutlich durch die Bahnen von Mars und Pluto vorgegeben seien, nicht richtig aus. Darauf kündigt der Juniorchef als erstes dem verhaßten Geschäftsführer, dann geht die Firma pleite und die frisch erweckte Kämpfernatur geht mit den verbleibenden Privatmillionen nach Indien, wo er intelektuell noch mehr verblödet und jedem erzählt, der Astrologe hätte seinem Leben die glückliche Wendung gegeben. Wo doch nichts anderes als die finanzielle Sorglosigkeit ihn dumm und glücklich macht. Aber das sieht er nicht. Wo die Astro-Leute nämlich am blindesten sind, das ist im Durchschauen von gesellschaftlichen Zusammenhängen.

Es hat keinen Sinn, die astrologische Theorie vom Einfluß des Makrokosmos auf den Mikrokosmos des Einzelnen zu bezweifeln.

Einwände sind zwecklos. Die Astrologen weisen doch nur mit der Sturheit von Artillerieoffizieren auf die Trefferquoten hin, mit denen sie Katastrophen und Eheschließungen vorausgesagt und die wahre Psychostruktur ihrer Kundschaft erkannt haben.

Grund zur Entrüstung ist nicht die alte pfiffige Unterdrückerlehre vom Zusammenhang der Gestirnsbahnen mit den irdischen Schicksalen. Grund zur Entrüstung ist allerdings die gegenwärtige Beliebtheit der Astrologie als Heilslehre für Zivilisationsmüde. Es ist ein jammervolles gesellschaftliches Phänomen, wie das kausale Denken nicht nur ignoriert, sondern von schmerbäuchigen Meditationskünstlern verketzert wird und wie sich der Verrat an der Aufklärung als Gegenaufklärung ausgibt.

So steigt die Astrologie aus dem Morast der Geschichte, und da sie für nichts auf der Welt eine vernünftige Erklärung hat, legitimiert sie ihr Dasein mit der üblichen Argumentationslitanei: die Wissenschaft sei am Ende ihres Lateins, der abendländische Rationalismus habe abgewirtschaftet. Die Welt stünde am Rande des Abgrunds, wie mundanastrologisch nicht anders zu erwarten. Die Zeichen stünden auf Sturm. Das Benzin sei am Ende, die Beziehungen seien am Ende und auch durch Gruppentherapie und Analyse nicht mehr zu reparieren. Auch das Ökofutter helfe nicht weiter. Nur mit dem Übersinnlichen komme man noch durch.

Immer mehr Leute lassen sich von solchen Sprüchen anstecken und haben das Gefühl, hinter dem Mond zu stehen, wenn sie nicht an die Sterne glauben. Nur weil Schulmedizin und Chemie versagt haben, weil die Physik die Atombombenkraft bescherte und die Mathematik die albernen Computer, rufen sie die alten Werte aus, stecken den Kopf in den Urschlamm und gründeln nach den Mythen, über deren infame Rückkehr ich mich an anderer Stelle gesondert auslassen werde. Anstatt Ursachen aufzuspüren, anstatt die Amis mit ihren Atomsprengköpfen zum Teufel zu jagen, anstatt IBM seine Computer und dem Postminister seine Kabel um die Ohren zu schlagen und die Chemiekonzerne dicht zu machen, liest man Michael Ende, will mehr Macht für die Phantasie und spricht geheimnisvoll von der Integration des Bösen im Mythos und von der durch die Sternbahnen angezeigten Unausweichlichkeit des Schicksals.

Die entsetzliche Opferbereitschaft der biblischen Gestalten ist nichts gegen das Hinnahmedenken und den Okay-Fatalismus der heutigen Astro-Leute, unter denen sich zu allem Überfluß nicht wenige befinden, die vor einigen Jahren noch für die Veränderung der Gesellschaft auf die Straße gingen. Während die Helden der Bibel wenigstens noch ab und zu ihrem Gott fluchten, beugen sich die Horoskopgläubigen der Macht der Sterne wie einem modernen Verwaltungsapparat, ohne zu murren und mit östlich trainierter Entspanntheit. Die Astrologie ist die demokratische Variante des christlichen Glaubens. Wem der liebe Gott zu absolutistisch ist, wer aber partout etwas braucht, dem er sich unterwerfen kann, der findet hier sein angemessen anonymes System, das genügend Rückversicherungen bietet und sich auch gut hintergehen läßt. Insofern ist die Astrologie tatsächlich moderne Lebenshilfe in des Wortes ganzer gräßlicher Bedeutung.

Als Liebhaber des Zufalls und Verhöhner des Schicksals, als Verächter der Vorsehung, als Freund des Sinnlichen und Todfeind des Übersinnlichen, das nichts anderes ist als Wortarmut und Denkfaulheit und Obrigkeitshörigkeit, fühle ich mich langsam als einer der letzten echten Heiden. Als solcher kann ich mich nur fragen, welche Lebenshilfe ich weniger absonderlich finden soll: die des strammen Katholiken, der auf Anraten des Papstes keine geschiedene Frau heiraten mag, oder die des Astro-Fanaten, der seiner Geliebten versichert, sie sei zwar seine große Liebe, aber nach der Konstellation der Gestirne könne aus der Verbindung nichts werden. Möge sie ihm ins Gesicht schleudern, sie brauche kein Horoskop, um zu sehen, daß ein Nebelkopf wahrhaftig nicht zu ihr passe.

Also vorbereitet traf ich meine pechschwarze Astrologin. Wieder war sie so schön, daß mir das Herz weh tat. Sie haben sich verirrt, Madame, summte ich, aber sie hörte mir wieder nicht zu und wies auf zwei Horoskopzeichnungen: selten habe sie so gegensätzliche Horoskope gesehen. Sie war ganz fasziniert. Ich weiß nicht warum, sagte sie, aber es ist so.

Es ist so! Was für ein Schaf sie war. Gegensätze kann auch ein Blinder erkennen, dazu braucht man kein Horoskop, rief ich und schlug auf den Tisch, daß sie endlich von ihrem Gekrakel aufsah. Auf die Gründe komme es schließlich an, ob sie mir die Gründe sagen könne? Ich könne ihr die Gründe schon erklären! – Nein, sagte sie dunkel und schüttelte ihren schönen Kopf, der innen so stumpf war: nein, erklären Sie nichts.

WARUM ICH AUCH NATIONALIST BIN

Gibt es noch Nationalisten? Mir ist niemand bekannt, der das von sich behaupten würde. Dazu war die deutsche Geschichte in der ersten Hälfte dieses Jahrhunderts zu fürchterlich. Heimat ja, die ist für Linke, Rechte und Alternative wieder legitim als ökologisch gefährdete Brutstätte von Sumpfhuhn und Moorfliege oder als Wiege aufsässiger oder reaktionärer Mundartstücke. Aber ein Vaterlandsgefühl ist selbst betrunkenen Soldaten fremd.

Es gibt Alt- und Neonazis, die soll gefälligst der Verfassungsschutz beobachten. Aber die stolzgeschwellte deutsche Brust dürfte nicht zuletzt dank der deutschen Teilung der Vergangenheit angehören. Selbst Nationalfeiertage sind keine reine Freude mehr.

Wir werden aber gleich feststellen, daß eine ganz eigentümliche Form des Nationalismus unbemerkt um sich greift, von der ich mich gerne absetzen wollte, wenn ich nicht einsehen müßte, daß auch ich ihr Opfer bin.

In vielen von uns schlummert noch mehr Nationalismus, als sich auf Anhieb vermuten ließe. Ich meine jetzt nicht jenen kindischen Vulgär-Nationalismus, der deutsche Wertarbeit für unschlagbar hält; deutsche Autos, Nagelscheren, Fotoobjektive und Frauen seien eben doch am zuverlässigsten, und der Spargel aus Schwetzingen sei immer noch besser als der aus Ungarn oder Frankreich, jawohl! Der deutsche Film sei auch nicht ohne, überhaupt die deutsche Kultur: Kant, Goethe, Beethoven, bitteschön! Sicher, Land der Dichter und Denker sei eine anmaßende Bezeichnung, aber irgendwie sei doch etwas daran. Solche Reden nehme ich nicht mehr ernst. Bücher wie »Die hundert größten Deutschen« werden schon für neunzehn Mark achtzig verramscht, ein untrügliches Zeichen, daß dieses Interesse stirbt. Und wenn die deutsche Fußballnationalelf baden geht, dann mag der Pöbel zwar noch kreischen, der fortgeschrittene Deutsche wird sich ins Fäustchen lachen.

Auch anderswo nimmt die Zahl der vulgären Patrioten ab. Schon gibt es Schweizer, die nicht mehr viel von ihren Uhren und Banken halten, Franzosen, denen der eigene Käse nicht mehr schmeckt, und Amerikaner, denen die Freiheit in ihrem Land suspekt erscheint.

Der heutige Nationalismus ist subtiler. Er ist nicht mehr aggressiv, sondern defensiv. Er besteht nicht mehr darin, daß man möglichst groß dastehen will. Man ist bescheiden geworden. Man will keinen schlechten Eindruck hinterlassen, dann ist man schon froh.

Diese seltsamen nationalistischen Gefühle entstehen vorwiegend im Urlaub: man sitzt begeistert in einem Straßencafé auf Naxos oder in Rom und findet, daß die Leute hier alle ganz anders zu leben verstehen. Deutsche Ordnung, Pflicht und Pünktlichkeit, die einen zu Hause täglich quälen, erscheinen einem hier im Süden (und gar erst im indischen Osten oder im amerikanischen Westen) als ganz armselige nationale Eigenschaften. Da sitzt man und fühlt sich wohl, und mit jedem Schluck Wein wird einem griechischer und italienischer zumute. Wenn sich jetzt eine deutsche Familie aus Wanne-Eikel oder auch aus Nürnberg am Nebentisch lauthals niederläßt, oder gar eine Reisegruppe aus Münster, dann schämt man sich für so viel deutsche Penetranz und Poltrigkeit. Man geniert sich vor dem Ober und einheimischen Gästen. Man möchte mit diesen polternden Leuten nicht in einen nationalen Topf geworfen werden und hofft, daß die Einheimischen das deutsche Völkchen nicht ganz so gnadenlos sehen wie man selbst. Wenn die jetzt bloß nicht happy birthday dear Helmut! singen! Wie anders singen doch die Italiener.

Kurz, das deutsche Auftreten kränkt uns, wir hätten uns gern leiser, eleganter und nicht so aufgebrannt von der Sonne. Wir würden gern anders dastehen in der Welt, stimmt's?

Das Problem haben andere natürlich auch. Es gibt Schweizer, denen die säuberliche Spießigkeit ihrer Landsleute den Urlaub an der Côte d'Azur verleidet, Franzosen, die in London unter ihrem feinschmeckerischen Savoir-vivre-Image leiden, und Amerikaner, die das Kaugummikauen ihrer US-Kollegen in Europa unausstehlich finden. Bei den Deutschen kommt erschwerend hinzu, daß mögliche antisemitische Äußerungen zu vorgerückter Stunde besonders abscheulich sind. Das alles ist bitter, aber schnell vergessen.

Wahrhaft peinlich wird es, wenn die miesen Deutschen nicht aus Gelsenkirchen oder Garmisch kommen, sondern aus Bonn; wenn sie im Ausland nicht am Strand oder im Lokal herumproleten, sondern in den Räumen der Regierungsgebäude; wenn es sich nicht um beliebige Urlauber handelt, sondern um Leute, die von der Mehrheit des Volkes gewählt wurden. Jetzt endlich bekommt die Peinlichkeit eine politische Dimension.

Je aufgeblasener sich deutsche Regierungspolitiker im Ausland gebärden, desto größer die Furcht ihrer Kritiker, der mühsam wiederhergestellte deutsche Ruf könne durch die jämmerlichen Gestalten ruiniert werden. Zwar hatte die Großindustrie durchaus ein paar stramme Rabauken ans berühmte Ruder bringen wollen, damit der berühmte Karren mit Schwung aus dem berühmten Dreck gezogen werde, nun aber entpuppten die sich als schlappe Knallchargen, die sich auf internationalem Parkett nicht bewegen können.

Auf einmal stand es überall schwarz auf weiß: das Ansehen Deutschlands werde von seiner eigenen Regierung bekleckert. Nun waren Haupt- und Regierungsstädte schon immer sumpfig, und ein gewisses Maß an Kriminalität nimmt der fortgeschrittene Wähler bei den Politikern heute in Kauf. Lügen und falsche Versprechungen gehören, wie jedermann weiß, seit jeher zum Geschäft. Es hat sich aber eine besondere Art von wohlgelaunter Großmäuligkeit eingeschlichen, ein feixendes, dröhnendes Tölpeltum, eine so perfide Art, der Menge selbstgefällig zuzuwinken, die jedes Maß des Erträglichen übersteigt. Daß diese Menschen Deutschland aufwärts führen würden, das hatte die Mehrheit offenbar tatsächlich geglaubt; daß stattdessen so kleinkariert und dickhäutig, so provinziell und sprachlos Politik gemacht wurde, das hatte man nicht gewollt.

Nun also ist die neue deutsche Nationalscham ausgebrochen. Die Satiriker und Kabarettisten haben keinen Spaß mehr an den Attacken, keiner lacht mehr über die deutsche Führungsriege, die immer dreister grinsend ihre Aktenkoffer mit Steuerhinterziehungsvorschlägen und Militärschwulenstories durchs Regierungsviertel trägt.

Allen ist es nur noch peinlich. Auslandskorrespondenten zittern vor jedem Besuch einer deutschen Regierungsdelegation, da ihre Stellung beim Fernsehen sie zu höflicher Berichterstattung zwingt. Daher machen sie ihrem Unmut in Leserbriefen an die seriöse heimatliche Presse Luft: der gute Ruf Deutschlands werde von diesen Menschen in den Schmutz gezogen, denen jeglicher Takt und jegliches Fingerspitzengefühl fehle. Neunzig Prozent der Briefe werden nicht abgedruckt, weil sie zu nestbeschmutzend sind: diese Regierungsmannschaft brächte nichts als Skandale zuwege, habe keinen Stil, kein Format; alles Pflaumen, Flaschen, Tulpen, Flundern. Selbst in deutschen Botschaften wird man aufständisch, bezeichnet allerdings die Kabinettsmitglieder mit letzter Loyalität nach Rassehunden: Basset, Bulldogge und Mops. Deutschland werde in der Welt lächerlich gemacht! Und der Chefredakteur des *Stern* beichtet seinen Lesern im Editorial, er habe diesen Kanzler guten Glaubens gewählt, und nun dies: diese Schweinereien, Albernheiten, diese »neue Rekordmarke der Ignoranz«; er geniere sich zu Tode, schreibt er, während sich seine Leser fragen müssen, wie man mit so wenig Menschenkenntnis Chefredakteur werden kann; das Antlitz des Kanzlers war auf den Plakatwänden deutlich genug zu sehen. Oh deutsche Widerstandsbewegung!

Ob Wähler oder Nichtwähler – allen ist es peinlich, eine miese Inszenierung mit ansehen zu müssen. Und eben hier keimt der neue deutsche Nationalismus. Als Antwort auf die Bonner Popligkeit erschallt der Ruf nach neuer deutscher Souveränität.

Von der jeweils herrschenden Regierung abgesehen, läßt sich aus dem tagespolitischen Dreck die allgemeingültige historische Formel ableiten, die ich niemandem vorenthalten will: je deutschtümelnder, heimathändeschüttelnder, tollpatschiger, dickfelliger die Regierungsmitglieder in Erscheinung treten, desto mehr möchte das gekränkte Volk der Welt zurufen: *so miserabel sind wir nicht.*

Über diese nationalistischen Rehabilitierungsbedürfnisse bin ich hinaus. Es amüsiert mich, wenn man von Manila bis São Paulo, von Ankara bis Angola Witze über die deutschen Politiker macht. Die Chefs und Chefinnen anderer Regierungen amüsieren mich ja auch. Die futtern alle dieselben Hormone.

Die Deutschen aber, denke ich mir, sind schon ein besonders penetrantes Völkchen, und zwar auf beiden Seiten. Auch die deutschen Kommunisten sind ein Bild des Jammers. Nichts Edles, kein Charme, nicht einmal mehr Romantik. Ob Ost oder West – sie sehen allesamt aus, als wären sie soeben einem Kaffee-Reisebus in Schloß Linderhof entsprungen; ob dick oder dünn, man möchte ihnen allen ein Stück Torte hinschieben. In puncto Spießigkeit stünde der Wiedervereinigung nichts mehr im Wege.

Doch so leicht ist der Nationalismus nicht loszuwerden. Ich muß gestehen, es gibt Augenblicke, wo mich der Anblick des herrschenden Gesindes nicht erheitert, sondern beleidigt, wo mich der Unrat und die Miasmen der Bonner Kakophilen entnerven. In solchen seltenen Momenten nationaler Frustration erscheint es mir als ein Jammer, daß jeder zweite Mensch auf der Straße diese Leute gewählt hat; ein Jammer, daß die Alternative keine wirkliche Alternative, sondern Gezeter ist; ein Jammer, daß einer, der wirklich mal eine genießbare Sprache spricht, der im Bundestag dem aufgeplusterten Gockelkanzler in sein aufgeplustertes Gokkelkanzlergesicht sagt, daß er »ein machtgeiler Darsteller in einem widerwärtigen Schmierenstück« sei, daß so einer von seiner Fraktion als Sprecher abgewählt wird, weil gut formulierte Wahrheit als Profilierungssucht abgetan wird.

Dabei wäre der ein vertretbarer Außenminister, denke ich mir verschämt; mein Herz begänne womöglich wieder für Deutschland zu schlagen. Auch ein verwegener Spanier wäre nicht schlecht. Überhaupt sollten die Gastarbeiter ins Kabinett. Die sehen besser aus und sprechen ein klareres Deutsch als das, was man zur Zeit aus Bonn zu hören bekommt. Ein italienischer Kanzlerkandidat, und ich würde mit Vergnügen zur Wahlurne gehen. Ein türkischer Postminister, der Minister für Gesundheit und Familie ein Grieche und auf der Hardthöhe sorgte eine Jugoslawin für die Verteidigung: in dieser Legislaturperiode, ich muß es tatsächlich gestehen, wäre ich stolz, ein Deutscher zu sein.

WARUM ICH NICHT INS THEATER GEHE

Was ich nicht ausstehen kann: wenn mir jemand mit verklärtem Blick das Bühnenprogramm meiner Stadt aufzählt, um mich dann prüfend auszuhorchen, wie ich denn dieses Stück und jene Oper gefunden hätte. Wie denn Benrath als Richard sei und Minetti als Minetti und die Fassbaender als Oktavian? Ja, und Zadeks Gastinszenierung hätte ich doch sicher auch schon gesehen!?

Als wäre ich verpflichtet, das Treiben auf den Bühnen wahrzunehmen! Als sei ich mir das schuldig, als sündigte ich, wenn ich das alles nicht kennte, als hätte ich kein Recht, in der Großstadt zu wohnen, wenn ich deren *kulturelles Angebot* nicht voll ausnutzte! – Dabei habe ich nicht einmal die Kritiken gelesen, aus denen ich mir eine eigene Meinung über die Aufführungen zusammenlügen könnte. Mir ist auch gar nicht zum Lügen zumute, ausnahmsweise. Ich stehe zu meiner Ignoranz.

Es gibt genügend gute Gründe, das Bühnenleben an sich vorbeiziehen zu lassen. Schließlich geschieht täglich genug Theater. Jede Kneipe, jede Groß- und Kleinfamilie, jeder Arbeitsplatz ist voller Drama mit und ohne Spannung. Und abends das schmierigste aller Stücke: die Weltpolitik in den Fernsehnachrichten. Wer hat denn nach all dem noch ein Bedürfnis nach dramatischer Erhöhung der Wirklichkeit? Die originalen Darstellungen sind gut genug.

Man muß nur hinsehen, das allerdings muß man tun. Das Händchenhalten des 18jährigen Pärchens im Weinlokal ist ebenso unnachahmlich wie das schweigsame Brüten des Urlauberehepaares oder die frisch flackernde Rentnerliebe am Nebentisch. Und auch die Politiker machen sich selbst immer noch besser nach als die vorzüglichsten Mimen auf der Bühne. Wozu die ganze exaltierte oder auch unterkühlte Nachmacherei, das bedeutungsvolle Auf und Ab vor der Rampe, diese nachgeplapperten Dialoge, dieses Holz, dieses Stroh, und dann womöglich noch gesungen! – Obwohl, vom fünften Rang einer gesungenen Bundestagsdebatte beizuwohnen, einer Oper über Militarismus und Sexualität, schön atonal oder auch im Puccinistil oder mit fiependen Kontratenören – das würde mich vielleicht sogar reizen. Aber da gäbe es wieder keine Karten.

Die Karten. Das ist nämlich ein anderer und ganz handfester Grund, nicht in die Oper oder ins Theater zu gehen. Für die guten Aufführungen, deren Existenz ich vorsichtigerweise nicht bezweifeln will, sind keine Karten zu bekommen, oder nur unter absurden Bedingungen.

Man muß diese endlosen Menschenschlangen gesehen haben, wie sie morgens um 4 Uhr bei strömendem Regen, demütig und wohlgelaunt wie die Urchristen, an den Vorverkaufsstellen stehen, deren Kassen dann um 10 Uhr öffnen. Schließlich bekommt man die Gruberowa oder die Staade oder Everdings Abschiedsinszenierung oder den Domingo und den Dieskau nicht alle Tage zu sehen.

Der Professor steht an wie der Student, die Krankenschwester wie der Oberarzt. Es herrscht die fröhlichste Basisdemokratie. Auch die Industriellengattin ist mit von der Partie. Man gibt damit an, die halbe Nacht angestanden zu haben. Man hat sich bemüht, man hat etwas geleistet. Um so größer ist der Lohn: diese Inszenierung von Stein, von der man noch Jahre später reden wird, die hat man nicht nur gesehen, man hat sie auch erstanden. Aus diesen Menschen spricht verdrängte Religiosität; ohne Opfermut und Pilgerschaft kommen sie nicht aus, vor irgend etwas müssen sie immer auf den Knien herumrutschen.

Nachkriegsromantiker fühlen sich wohlig an die Schlangen vor den Lebensmittelgeschäften erinnert. Hunger vereinte damals alle. Nun vereint einen wenigstens die Liebe zum Kulturereignis des Jahres.

Die Auserwählten, die es geschafft haben, stehen drei Monate später an einem heißen Sommerabend um halb sieben vor dem Theater. Cordula Trantow spielt nun doch nicht die Mascha, weil Noelte Knatsch mit einem linken Kulturreferenten bekommen hat. Die halbe Stadt fährt raus zum Baden, die andere Hälfte sitzt räkelnd in den Straßencafés. Nur die paar hundert Gestalten vor dem Schauspielhaus nehmen sich irgendwie bedauernswert aus. Nachdem im Zuge von Nostalgie und Wendelegende der Sinn fürs Festliche wiederentdeckt wurde, schabt sich der Herrenhals nun wieder am harten Kragen rot, und die Frauen sind fast alle Damen und tragen diese unsinnig langen Röcke mit diesen unsinnig kurzen Jäckchen und haben diese unsinnigen Brokattäschchen in der Hand. Sie quellen aus den Taxis, huschen über die Straße, tuscheln vornehm in kleinen Grüppchen, kommen sich vor wie in Bayreuth und sind so gräßlich unattraktiv. Die Baker ist leider nun doch indisponiert, aber der Ersatz soll eine Stimme wie die Janowitz haben. Ich gehe vorbei und danke Gott, daß mich nichts zwingt, diese säkularisierte Form der Abendandacht mitzumachen.

Dann lieber noch Oberammergau. 5000 Leute pro Vorstellung, das hat Größe. Eine halbe Million Besucher pro Saison, eine Million aus aller Welt auf der Warteliste, das ist international. Nix elitäre Kunst und Elfenbein, nix Abendkleid und Anzug. Theater für alle, beste Massenware, Shorts und Yashicas. Keine Weltstars, sondern echte blutige Laien. Und wer während des Antipestspektakels ein Sandwich auspackt, wird wenigstens nicht schief angesehen, nehme ich an.

Die Vorverkaufsneurotiker kommen auch auf ihre Kosten. 1990 ist ausgebucht, 2000 sieht auch schlecht aus, aber für 2010 soll es vereinzelt Karten geben. Aber nur noch in Amerika als sogenanntes Sparpaket: Flugticket, Busfahrt und Hotelnacht mit Schweinshaxn, dazwischen die Kreuzigung, alles inklusive, hin und zurück. Das hat Stil. Stil hätte es auch, die Eintrittskarte, die man auf Umwegen ein Vierteljahrhundert vorher bestellt hat, verfallen zu lassen. Auch Zuschauer haben ein Recht darauf, indisponiert zu sein.

WARUM ICH TROTZDEM RAUCHE

Kleingedruckt, doch deutlich lesbar, sofern man gute Augen hat, steht seit einiger Zeit auf jeder Zigarettenschachtel und unter jeder Zigarettenwerbung der Hinweis *Rauchen schadet Ihrer Gesundheit.* Eine Gratisinformation des Gesundheitsministeriums, über die wir uns nicht erheben wollen mit der pauschalen Bemerkung, daß das ganze Leben ungesund sei, da es nun mal zum Tod führt. Von manchen Rauchern wird diese Flucht in die barocke Philosophie der Vergänglichkeit gerne angetreten. Denn durch den Warnspruch sind sie in eine ganz zwiespältige Position gedrängt worden.

Sie, die vernünftigen Familienväter und -mütter, die Ausüber von irgendwelchen durchaus lebensbejahenden Berufen, werden plötzlich als selbstmörderische Schwächlinge von allen Seiten schärfstens getadelt. Der qualmende Tabak, der im Barock das erbauliche Sinnbild für Höllenpein und Verwesung war, löst nun Angstneurosen von höchst unerbaulicher Art aus.

Vorbei ist die Zeit des entspannten Genießens, das doch die ursprüngliche Haltung des Rauchers war. Mit schlechtem Gewissen, verfolgt von bösen Blicken, entzündet heute der Raucher seinen Tabak, und es gibt bereits Psychologen, die auf die Schäden aufmerksam machen, die bei Rauchern durch Entwöhnungsversuche und durch das Rauchen unter diesem ständigen Druck aufgetreten sind.

Genußverbot ist in der Tat eine problematische Sache. Die Neurosen zum Beispiel, die dadurch entstanden, daß man Jugendlichen einschärfte, das Genießen der pubertären

Sexualität schade der Gesundheit, sind noch heute ein wichtiges Thema in den Praxen der Psychiater.

Nun ist das Rauchen, entgegen Annahmen aus dem 17. Jahrhundert, wirklich nicht eben gesund, die Sache liegt also etwas anders. Wir wollen also dem Tip des Gesundheitsministers ernsthaft und ohne jede Ironie dankbar sein. Denn der Mensch hat sein Hirn nicht zuletzt deswegen, damit er sich mit Kritik auseinandersetze und so eine geistige Haltung bilde. Das ehedem bewußtlose Paffen hatte tatsächlich etwas Mechanisches; der Konflikt, in dem sich der Raucher neuerdings befindet, kann für sein Bewußtsein nur gut sein: Er muß nun seine Unvernunft irgendwie kompensieren, was auf die verschiedenste Weise geschehen kann. Die einen haben das Rauchen und Nichtrauchen zu einem Dauergesprächsthema in ihren verrauchten Zimmern gemacht. Auf jeder Party, bei jedem Essen sprechen sie von nichts anderem als von ihrem Laster und ihren erbärmlichen Abgewöhnungserfahrungen. Wieder andere weisen frivol darauf hin, daß der Genuß von Geräuchertem, Marmeladen, Speck und leider auch Salat mindestens ebenso ungesund sei.

An dieser Stelle wollen wir die ins Stocken geratene Diskussion um einen Gesichtspunkt erweitern: Es gibt ein Produkt, das ungefähr die Ausmaße einer Zigarette oder einer kleinen Zigarre hat, das aber um einiges gefährlicher ist: die Gewehrpatrone. Man kann nicht exakt sagen, wieviele zigtausend Zigaretten tödlich sind, aber eine einzige Gewehrkugel jedenfalls ist es, so viel steht fest. Es wäre im Zuge ministerieller Tips nur eine adäquate Serviceleistung, wenn der Verteidigungsminister auf jede Munitionsschachtel den Hinweis aufdrucken ließe *Schießen gefährdet das Leben.*

Auch auf den Kisten mit Sprengköpfen sollte der Hinweis nicht fehlen. Wenn die friedlichen Raucher schon in die schizophrene Ecke gedrängt werden und sich dort mit der Zweischneidigkeit ihres Tuns auseinandersetzen müssen, dann könnte die Konfrontation mit der Konsequenz den militärischen Spitzköpfen auch nicht schaden. – Übrigens wirklich erstaunlich, wie klein die Köpfe der Soldaten sind.

Das wäre auch eine nette Geste der Zivilbevölkerung gegenüber, die durch einen Krieg wohl stärker gefährdet ist als die geplagten Mitraucher durch die Nikotinwolken ihrer unverbesserlichen Kollegen.

Wenn es schon so schrecklich schwer ist, sich zum ersten Abrüstungsschrittchen zu bequemen, weil das Sprichwort vom Nachgeben des Klügeren nur noch von wenigen verdrucksten Kindern beherzigt wird, dann wäre der ministerielle Warnspruch wenigstens ein erster Schritt zu der kühnen Einsicht, daß auch Soldaten gefährlich sind.

Und was die Werbung betrifft: auf den Zigarettenreklamen sollen die fröhlich rauchenden Darsteller nicht jünger als 30 Jahre wirken; dies ist eine fromme Selbstauflage des Tabak-Managements zum Schutze der verführbaren Jugend. Auch hier wäre es schon allein ein Gebot des Anstands und der militärischen Knabenliebe, wenn die Rüstungsreklame den Zigarettenherstellern folgte und sich nicht mit Schützengrabenromantik und technischem Funkelspiel an 18jährige Schulabgänger wendete.

In den gottseidank fernen Vereinigten Staaten von Amerika baut man bekanntlich Waffen, die Millionen von Leuten ins Jenseits befördern können, wenn aber einer hüstelt, möchte man auf dem ganzen Kontinent das Rauchen verbieten. Da ist doch der Zusammenhang! Wenn von diesen hysterischen Puritanern zusammen mit gefährlichen Vernichtungswaffen nach der großen Nichtraucherei geschrieen wird, dann kann doch umgekehrt das Rauchen gar nicht so gefährlich sein. Die Logik ist zwar nicht zwingend, aber verlockend.

Zweierlei jedenfalls ist das Rauchen traditionsgemäß seit langem: friedlich und literarisch. Was wäre die Literatur ohne den Tabak, ohne daß die Helden behaglich schmauchten oder nervös ihre Zigarettenpackungen aufrissen, gelassen inhalierten, lässig die Asche abstreiften. Was wären die Ganoven Brechts ohne den Glimmstengel in der Schnauze, und wie ließe sich die Affigkeit von Hans Castorp beschreiben, wenn der Zauberberg-Schnösel nicht angeberisch ins elegante Etui griffe und sich eine goldbedruckte Orient hervorholte; und wo besser als in solcher genüßlichen Beschreibung schimmerte die aufgeblasene Erlesenheit seines Autors Thomas Mann durch die preziösen Zeilen!

Es gibt furchtbare Raucher: hastige, markige, großmannsüchtige, kindische, gedankenlose, bedeutungsvolle, selbstverliebte, elegische, hustende, gierige, affektierte und schließlich die, die dauernd Schluß machen wollen. An ihrem Rauchen erkennt man die Menschen, sage ich mir und zünde mir so vielsagend wie möglich eine an.

■■■■■■■

WARUM ICH KEINE ZEITUNG LESE

Matt drückt sich der 42- oder auch 25jährige Mann tiefer in die Badewanne und läßt heißes Wasser nach. Er könnte auch 73 sein. *Stern, Spiegel, Zeit, AZ, SZ,* vor anderthalb Stunden noch ein hübsches glattes Bündel Papier, liegen leergelesen mit feuchten Flecken auf dem Kachelboden.

Ein Bild wie aus der gehobenen Werbewelt: Architekt oder Börsenfritze, der sich behaglich entspannt und dabei rasch die nötigen Informationen schluckt wie ein Säufer seine Schnäpse. Was unseren Mann aber über die anspruchsvollste Reklame hinaushebt, ist sein verdrießliches Gesicht: mit solchem Ekel im Antlitz könnte er weder für extravagante Fliesen noch für ausgefallene Individualzigarren posieren.

Mühelos ist die Ikonographie dieser Badezimmervision aufzuschlüsseln. Wir alle kennen die hier vorgestellte Situation so gut: den Informationsfrust nach allzu reichlicher Lektüre; das Zeug liegt uns im Magen wie zu viele Kartoffeln.

Es ist nicht allein die Scheiße, die überall passiert und die uns ängstigt und ärgert. Es ist die Art und Weise, wie uns von den Zeitungen diese Scheiße serviert wird. Da wird nicht nachgebohrt bei den entscheidenden Stellen; da wird Verständnis entwickelt für die schwierige Lage der Politiker; da werden beflissen die Streikschlichter gepriesen, als hätte nicht jedes Kind auf die Lösung des Problems kommen können; da wird eine Regierungserklärung, die nur aus Schaum besteht, so kommentiert, als habe sie tatsächlich Substanz; da wird die unermüdliche Strohdrescherei der Politik unermüdlich als große Ernte beschrieben.

Im Lokalteil findet sich kein Hinweis auf die Gaststätten, in denen Gastarbeiter unerwünscht sind, oder auf die Geschäfte der Wohnungsmakler, sondern Berichte über das Gedrängel beim Sommerschlußverkauf und über die stolzen Festnahmen *unserer Polizei.*

Den Sportteil habe ich, seitdem ich lesen kann, noch nie zur Kenntnis genommen; ich kann mir nicht vorstellen, daß der weniger affirmativ ist. Wobei mir auffällt, daß die Vokabel *affirmativ,* die 1968 noch einigen Studenten geläufig war, sich zu einem Fremdwort zurückentwickelt hat, unter dem sich keiner mehr etwas vorstellen kann.

Im Feuilleton wird das Gejammer der Dichter kritiklos in Rezensentengejammer verwandelt, dazwischen wird irgendeine Theaterinszenierung obligatorisch zerfetzt, und aus irgendwelchen Filmkritiken wird man nicht schlau. Alle sind der Ansicht, daß alles fürchterlich mittelmäßig ist und daß es keine große Kunst mehr gabe.

Und unter der Rubrik »Vermischtes« kann man lesen, wieviele Studenten in Kalifornien sich in einen VW-Käfer zwängten und daß ein weiblicher Leutnant der US-Armee den dritten Platz im Schönheitswettbewerb in Florida erreichte.

Ist das nun Pragmatismus oder Zynismus oder was, daß von der Presse alles so hingenommen wird? Sind eigentlich alle bestochen, oder sind die Journalisten nicht nur verhinderte Dichter, sondern eben auch verhinderte Politiker, und bringen sie deswegen vielleicht so viel Verständnis auf für so viel unerträgliches Geschwätz. Fröstelnd in meiner Wanne formt sich in mir die Erkenntnis: Das ganze Informationssystem wird nur noch deshalb zusammengehalten, weil man zwischen Dummheit und Sachzwang nicht mehr unterscheiden kann.

Die hohlsten Sätze könnten ja immer noch Taktik und Diplomatie enthalten? Es ist nicht nachweisbar, ob der

Minister oder der Kanzler dumm ist, oder ob er an die nächste Wahl denkt oder an die Innenpolitik oder die Russen oder an die Amerikaner oder an Bayern oder an das Tannensterben – er muß ja an so vieles denken. Also schreibt der Journalist den hohlen Satz einfach hin. Soll der Leser entscheiden, ob etwas dahinter steht.

Ein Beispiel gefällig? Ich hebe den Zeitungssalat vom Boden und ehe ich ihn in den Papierkorb werfe, der sich krümmen wird unter den Pfunden, verlese ich noch flink den Satz eines Ministerpräsidenten, der wie ein strebsamer Abiturient aussieht: »Ich würde meinen, daß hier wertvolle Denkanstöße gegeben wurden. Wenn eine Diskussion hierüber stattgefunden haben wird, kann daraus mal ein Handlungsrahmen werden.«

Sätze dieser Art, die absolut nichts besagen, werden täglich von Ministern, von Partei- und Gewerkschaftsvorsitzenden, von Industriemanagern und Mineralölkonzernchefs, Kanzlern und Kanzlerinnen hundertfach gesprochen. Nichts daran ist ernst zu nehmen außer der Tatsache, daß Nullen und Ganoven alle wichtigen Positionen besetzt halten. Die adäquate vernünftige Antwort auf eine solche Satzblase wäre eine Bemerkung wie »quatsch morgen mehr, du Ochse!«

Damit würde sich der Interviewer aber zum kindischen Schülerzeitungsredakteur machen. Man könnte auch fragen: »Herr Ministerpräsident, ist es wahr, daß Politiker die selben Hormone erhalten, die zur Putenmast verwendet werden, und daß diese Hormone neben ihrer aufschwemmenden Wirkung auch eine Nebenwirkung aufs Gehirn haben?« Mit dieser Frage kippt man sofort ins Kabarett und verletzt den Schwätzer auch nicht. Also sagt der Journalist: »Herr Ministerpräsident, wir danken Ihnen für dieses Gespräch«, packt sein Tonbandgerät ein und geht nach Hause. So erhält sich die Welt.

Soll ich, der Wanne entsteigend, nackt und tropfend eine These wagen? Wie an jedem Stammtisch der blödeste Biersäufer weiß, regiert die Unvernunft, aber, so wollen es die Gesetze der verkehrten Welt, wenn ich diese Unvernunft entlarve, dann kippt die Kritik um in Satire oder in pubertären Schülerwitz. Das ist eine unvermeidliche Automatik, denn die Politiker haben ja nur das Niveau von Schülern, und was sie bieten, ist ja nur Realsatire. So schützt sich die permanente Unvernunft, indem sie ihre Kritiker als unvernünftig erscheinen läßt. Ein Beispiel nach so viel Theorie:

Neulich schrieb ich einen Beitrag über die perverse Vereinnahmung des Friedensgedankens von den Nachrüstungsfetischisten. In einem mitternächtlichen Anfall von Bitterkeit bat ich den einen glatzigen Verteidigungsminister, sich ein Toupet zu kaufen: Sein diabolischer Kahlkopf erinnere mich so sehr an eine Kanonenkugel, das passe doch nicht zu seinen samtigen Friedensbeteuerungen. Am nächsten Morgen strich ich diesen Satz. Es würde die Marionette doch nur erheitern, wenn ich meinen Ekel solcherart zu erkennen gäbe. – Sein Amtsvorgänger war auch eine Pfeife, aber der schaute wenigstens immer so mißmutig und bekam nicht diese irrsinnigen Glanzaugen, wenn er Soldaten sah.

Weil sich ausgezeichnete Wildsäue in der Politik herumtreiben, gibt es ausgezeichnete Kabarettisten. Aber wir wollen uns nicht dauernd totlachen über die begnadeten Imitatoren. Die Attackierten lachen nämlich mit, wie aus wohlunterrichteten Kreisen verlautet. Das ist auch keine Dauerlösung.

Den großen Quatsch schriftlich zu benennen, klar und hart und elegant, ohne in Satire umzukippen, das ist die große Kunst. Wie sagte der rote Karl: Die Welt sei lange genug von den Philosophen interpretiert worden, nun müsse sie verändert werden.

Wenn es bisher nicht so recht geklappt hat mit der

Veränderung, dann liegt es vielleicht doch daran, daß die Interpretationen ungenügend waren. Bevor überhaupt irgendetwas verbessert werden kann, muß die Diktatur der Pseudovernunft erst einmal entblößt werden. Philosophen können das nicht und Satirikern gelingt es immer nur für die Dauer ihres Auftritts.

Der Kaiser ist nackt, jeder weiß es, doch noch immer gilt der als wirklichkeitsferner Narr, wer das öffentlich behauptet. Denn das weiß ja jeder. Noch immer gelingt es den regierenden Hormonköpfen mühelos, oppositionelle Aufrüstungsgegner als gefährliche Phantasten hinzustellen. Der Zustand ist unerträglich. Und die Chefredakteure der großen Zeitungen schreiben Kommentare in Goethes Altersstil und predigen ihren Redakteuren die Gebote journalistischer Fairness, statt ihnen Heinrich Heine zu lesen zu geben, damit sie lernen, wie man als Journalist Leute behandeln muß, die das Volk als Stimmvieh für ihre perversen Vorstellungen benutzen.

Die realsatirischen Darstellungen der Politiker in den Fernsehnachrichten sind mittlerweile erhellender. Wenn dem zurecht verhaßten Innenminister im Bundestag vorgeworfen wird, er sei »persönlich verkommen«, und seine Parteifreunde daraufhin wild mit den Armen fuchteln, dann ist das durchaus ein Fortschritt im Sinne der öffentlichen Wahrheitsfindung. Die wenigsten Zeitungen wagen sich so weit vor wie die Opposition. Eben in der Wanne las ich ein Statement, das sich der berühmte große Tölpelkanzler ausgedacht hatte: jedes Wort ein Beweis des real existierenden Schwachsinns. Aber wo ist der seriöse Kommentar, der ohne jede Ironie den deutschen Riesenspießer auffordert, doch lieber auf der Müllkippe Dioxinfässer zu verladen. Dazu mag er taugen. Gegen seine unflätige Sprache wirken die Sprüche des vielgeschmähten Ex- und Alt-Bundespräsidenten Lübke wie Perlen abendländischer Rhetorik.

Wie sagte der 1968 zu den Abgesandten Zyperns: »Nun sehen Sie mal zu, daß Sie auf Ihrer Insel endlich Frieden kriegen!« Das war doch noch ein vernünftiger Satz!

Natürlich gibt es in den Redaktionen mancher Zeitungen Überlegungen, mit welchen Stilmitteln den Polit-Popanzen beizukommen sei. Nicht wenige Redakteure machen sich für einen Journalismus der gezielten Indiskretion stark; denn je miserabler die Politiker, desto weniger komme man ihnen mit Argumenten oder gar mit Witz und Satire bei. Sie seien verbal nur verletzbar, indem man alles Inoffizielle offiziell mache. Jeder Rülpser eines Ministers müsse in die Zeitung. Der Kanzlerfurz als allgemein-verständliche Metapher für seine Würdelosigkeit. Nur so könne man den Leuten klar machen, was da für Gestalten an der Macht seien. In jede Frauenzeitung gehöre eine Beschreibung der Duftnote des ministeriellen Achselschweißes und aller übrigen Ausdünstungen des Kabinetts.

Aus all diesen Plänen wurde bisher nichts, weil im entscheidenden Moment bei allen Verantwortlichen der Schüler durchbricht, der Angst hat, von seinem schmuddeligen Lehrer als Schmierfink beschimpft zu werden. Man wagt nicht, die Politiker persönlich zu beleidigen, von deren Unflätigkeiten man sich doch täglich beleidigen läßt. Man wälzt sich krank vor Kriegsangst im Bett und scheut sich, die Verursacher der Schlaflosigkeit mit allen zu Verfügung stehenden Mitteln der Sprache zu kränken. Das könnte ja rassistisch klingen. Das kann man sich nicht leisten. Als Deutscher schon gar nicht. Die können ja nichts dafür, daß sie persönlich verkommen sind, sagt sich der unmutige Redakteur, sie wurden ja schließlich gewählt. Wähler sind auch Leser, und man kann es sich nicht mit allen verderben. Also raus mit dem heiteren Absatz über die verbürgten abstrusen Sexualgewohnheiten eines Skandalministers und mit der unverbürgten Meldung, daß jener völlig verklemmte und neurotische Justizminister, der immer so in Erscheinung tritt wie eine Aufziehpuppe, deren Motörchen ab und zu klemmt, jeden Morgen eine seltsame Therapie macht, um sich seine mechanischen Bewegungen abzugewöhnen. Daß die Kanzlergattin das Angebot angenommen hat, für eine Haarfestigersprayfirma Reklame zu machen, ist auch nicht weiter interessant, und vielleicht auch nicht wahr, wer weiß.

Man läßt sich täglich von den Affen aus Bonn anlügen und möchte dennoch seriös bleiben. Man hat Angst, ein kötriger Familienminister mit Schwerenöteraugenlidern, ein Mann mit einem völlig konfusen Geschichtsbewußtsein, könne einem womöglich neonazistische Verleumdungskampagnen und »Stürmer«-Sprache vorwerfen. Also streicht man Tipp-Ex-Flüssig über die anrüchigen Stellen des zornigen Manuskripts. Man kann die Information ja mal im Feuilleton oder auf der Witzseite verwerten.

So werden die verletzenden Informationen zu billigen Witzen verwandelt, und die täglichen schlechten Witze der Politiker werden so nachgedruckt, als handle es sich um staatsphilosophische Weisheiten. Im Lokalteil toben sich die Reaktionäre aus und schwärmen vom großen Zapfenstreichen, und was im Feuilleton los ist, darüber wollen wir jetzt schweigen.

Einzig das Vermischte spendet ab und zu Trost und entfaltet unfreiwillig Poesie, wenn es sich der Gestalten am Rand der Gesellschaft annimmt: *Der junge Mann mit dem Weltschmerz im Blick war kein Student und kein Arbeiter. Er war offenbar gar nichts. Nicht ein einziges Mal war der Höhlen-Einsiedler polizeilich aufgefallen. Der Singener Bezirksdienst bestätigt: »Das ist kein Mensch, der krumme Dinge tut, der ist nur seelisch fertig.« Es gibt freilich Skeptiker, die es nicht für möglich halten, daß ein normaler Mensch so lange unter der Erde vegetieren kann. Wer ihm jedoch gegenüber gesessen hat, zweifelt kaum an seinen Motiven.*

Seinen Worten nach hat er die Hektik des bundesrepublikanischen Lebens nicht verkraftet und sich daher in den Boden verkrochen: »Diese vertierte Gesellschaft hat es geschafft, alles so einzurichten, daß jeder gezwungen ist mitzumachen oder in der Gosse zu verrecken.« Er war rasiert und unauffällig gekleidet.

Notiz

Zwanzig dieser Entrüstungen sind von Oktober 1982 bis August 1984 unter dem Titel »Sterns gesammelte Entrüstungen« in *Westermanns Monatsheften* erschienen, wo weitere Folgen geplant sind. Ein zweiter Band ist daher nicht auszuschließen. Die Texte wurden vom Autor teils gründlich, teils behutsam redigiert, renoviert, entaktualisiert, konserviert.

Zwei Entrüstungen haben sich aus längeren Reportagen ergeben, die in der Zeitschrift *Trans Atlantik* erschienen sind.

Eine stand zuerst im *Raben,* eine andere wird hier erstmals veröffentlicht.